OBED GARCÍA

EL ACONTECER ECONÓMICO DE HONDURAS A TRAVÉS DEL TIEMPO

(Transformaciones Económicas y sus limitantes de 1950-1960)

Contenido

PRÓLOGO

Es un placer poder presentarles el interesante libro, Transformaciones Económicas y sus limitantes Honduras 1950-1960. Este analiza y hace accesible importante información sobre un periodo crítico en el desarrollo nacional. Esta década corresponde a una transición entre una economía de enclave y subsistencia, a pasar a una integrada y dinámica. El proceso no inicia ni termina aquí, pero tiene una clara tendencia marcada.

La década de 1950 marcó un período crucial en la evolución económica de Honduras, caracterizado por un crecimiento sostenido impulsado por la expansión del sector agrícola y la consolidación de su sistema financiero. Sin embargo, este desarrollo no estuvo exento de desafíos estructurales que limitaban la diversificación económica y perpetuaban la dependencia de la inversión extranjera.

Desde el inicio de la década, la economía hondureña giraba en torno a la producción y exportación de banano y café, con empresas transnacionales como la United Fruit Company y la Standard Fruit Company ejerciendo un dominio significativo sobre el comercio exterior. En 1950, la fundación del Banco Central de Honduras representó un avance clave para la estabilidad monetaria y la modernización financiera del país, estableciendo mecanismos de control cambiario y regulaciones bancarias que transformaron el panorama económico.

Sin embargo, la economía nacional se vio afectada por eventos críticos, como la huelga bananera de 1954 y fenómenos climáticos adversos, que expusieron la vulnerabilidad del modelo basado en monocultivos de exportación. La crisis de 1954, en particular, provocó una contracción del PIB del -6%, reflejando la fragilidad del país ante factores externos. A pesar de esto, la segunda mitad de la década mostró signos de recuperación, con un crecimiento promedio del 3.6% anual, impulsado por la inversión en infraestructura y el fortalecimiento de la política monetaria.

El crecimiento económico aumentó el gasto público, dirigido a la construcción de carreteras, electrificación y servicios de comunicación. Sin embargo, el incremento del gasto superó la capacidad de recaudación fiscal, generando déficits recurrentes y un crecimiento acelerado de la deuda pública, que aumentó un 411% en la década. A pesar de los intentos por diversificar la economía, la industrialización avanzó lentamente, y el país continuó dependiendo en gran medida de la agricultura y del financiamiento externo.

El sector financiero experimentó transformaciones significativas con la creación del Banco Nacional de Fomento y la regulación de la banca comercial. No obstante, la concentración del crédito en sectores tradicionales como la agricultura y el comercio limitó el desarrollo de nuevas industrias. Aunque se logró una mayor integración del mercado financiero y una mejor gestión de la política monetaria, persistieron dificultades en el acceso al crédito para sectores emergentes.

A nivel internacional, Honduras fortaleció su relación con el Fondo Monetario Internacional y otros organismos financieros, lo que permitió estabilizar su balanza de pagos y acceder a financiamiento para proyectos de desarrollo. Sin embargo, las condiciones impuestas por estos acuerdos generaron tensiones en la política económica del país.

Al final de la década, Honduras enfrentaba una realidad económica marcada por avances y limitaciones. A pesar del crecimiento experimentado, la falta de diversificación productiva, la dependencia del capital extranjero y la desigualdad regional sentaron las bases de los desafíos económicos que persistieron en las siguientes décadas. Este libro busca ofrecer una visión detallada de esta etapa crucial en la historia económica de Honduras, analizando sus logros, retos y las lecciones que dejó para el futuro.

Este es el primer proyecto de muchos que saldrán de la mente del joven y brillante economista Obed García. En el proyecto editorial Erandique, estamos muy contentos de que esté contribuyendo junto a nosotros en construir una Honduras que se conoce más a sí misma y está preparada para enfrentar su destino.

José Azcona B.

Introducción

El periodo de 1950 a 1960 fue una década de profundas transformaciones económicas en Honduras. Durante estos años, el país experimentó un crecimiento económico sostenido, impulsado por la expansión del sector agrícola, particularmente la producción y exportación de banano y café, así como el fortalecimiento de su sistema financiero con la creación del Banco Central de Honduras (BCH) en 1950. Sin embargo, este crecimiento estuvo acompañado de importantes desafíos, incluyendo crisis económicas, dependencia del capital extranjero y una estructura productiva poco diversificada.

La economía hondureña de esta década se caracterizó por su marcada dependencia del sector agrícola y la inversión extranjera, principalmente de compañías estadounidenses como la United Fruit Company y la Standard Fruit Company. La huelga bananera de 1954 y los eventos climáticos adversos pusieron en evidencia la vulnerabilidad de la economía hondureña ante factores externos, provocando una caída en las exportaciones y en los ingresos fiscales.

En el ámbito fiscal, se evidenció una tendencia al incremento del gasto público, especialmente en infraestructura y programas sociales, lo que llevó a un mayor endeudamiento del Estado. A pesar de los intentos del gobierno por diversificar la economía y modernizar el país, Honduras no logró el mismo nivel de industrialización y desarrollo socioeconómico que otros países de la región como Costa Rica o Guatemala.

A largo plazo, el modelo económico basado en la agricultura de exportación dejó una herencia de desequilibrios estructurales. La falta de diversificación, la concentración de la inversión en ciertas regiones y la ausencia de una política industrial clara limitaron el desarrollo económico sostenido del país. Este período sentó las bases para muchos de los problemas económicos y sociales que persistieron en las décadas siguientes, incluyendo la desigualdad, el desempleo y la inestabilidad política.

Algunas presiones...

Este libro fue construido con la ayuda herramientas de inteligencia artificial, para la elaboración de resúmenes y tablas de datos del conjunto de documentos que fueron digitalizados durante diciembre 2024 y enero 2025, todo el proceso fue supervisado y validado conforme a la evidencia de los resultados esperados según la literatura existente en referencia a la actividad económica de Honduras dada en el siglo XX.

Los datos de producción utilizados solo consideraron los valores en términos reales calculados conforme al año base de 1948.

Algunos conceptos como el medio circulante ya no son utilizados hoy en día, no obstante, este concepto se refiere a la cantidad total de dinero había en la economía y que está disponible para transacciones, es decir lo que hoy conocemos como Base Monetaria.

El contexto económico en Honduras de los años 50

Llegada la mitad del siglo 20 Honduras contaba con una población aproximada de 1.5 millones, similar al resto de países de Centroamérica, en Guatemala había 3 millones, en El Salvador 2 millones, 1.3 millones en Nicaragua y en Costa Rica 860 mil.

El Fondo Monetaria Internacional, en su reporte de misión de 1951, estimó que el 85 % de la población se encontraba involucrada en actividades agrícolas, principalmente en cultivos de subsistencia y de granos como el maíz, frijoles y arroz. Asimismo, la economía se encontraba segregada, en tres regiones apenas interconectadas: la costa norte, con mayor presencia de las compañías bananeras, el interior central mayormente agrícola y minera y el sur occidente con una mayor propensión al cultivo de café y comercio con El Salvador.

El ingreso anual por persona en esta época promediaba los 150 lempiras –equivalente a unos 5,800 lempiras de hoy[1], 79 mil lempiras menos al último valor nominal observado, según los datos el Banco Central de Honduras– mismo que resulta bajo, aún en comparación con los países de bajos ingresos y en desarrollo de ese entonces.

Según los reportes del Banco Central de Honduras[2] durante esta década, las exportaciones de Honduras rondaban los 129 millones de lempiras por año a excepción de 1954 cuando disminuyeron a 114 millones de lempiras. Aun con la huelga bananera del 54 el banano se posicionó como el principal producto de exportación de Honduras todos los años de referencia, seguido por el café, aunque este último fue perdiendo importancia relativa frente a otros productos como las maderas y minerales. Estados Unidos, Canadá, Holanda, Alemania y El Salvador fueron los principales países de destino de las exportaciones hondureñas.

En esta década las finanzas públicas fueron desafiantes, debido a la coyuntura económica internacional y los problemas internos, sobre todo por el enfoque en el desarrollo económico y la inversión en obras públicas que

---

[1] Es decir, 2025, considerando una inflación promedio anual del 5%

[2] Boletín Mensual del Banco Central de Honduras 1950-1960, consultado en el Archivo Nacional de Honduras

demandaba un aumento progresivo del gasto. En 1950-51, la política gubernamental se enfocó en mantener el equilibrio fiscal logrando un superávit de 4.7 millones de lempiras y de 0.5 millones en 1952. Sin embargo, estos superávits se lograron en parte mediante la restricción de los pagos del gobierno, lo cual causó una presión sobre el nivel general de precios, pues se limitó la circulación del dinero[3].

A lo largo de la década, los ingresos fiscales mostraron una tendencia al alza, especialmente los impuestos sobre la renta, la producción, y las importaciones. Sin embargo, el gasto público también aumentó, impulsado por la necesidad de financiar proyectos de infraestructura, programas sociales, y la creciente deuda pública. Esta situación conllevo resultados fiscales negativos recurrentes a partir de 1953 asimismo una mayor necesidad de deuda externa para financiarlos, y aunque se recurrió a la emisión de bonos para el financiamiento del gasto público, estos tuvieron poco éxito en los mercados de valores.

Los ingresos fiscales aumentaron de L 32 millones en 1950 hasta alcanzar los L 71 millones, lo cual representó un incremento del 120% en estos diez años. Sin embargo, en ese mismo período de tiempo, los gastos aumentaron 130 %, lo que evidencia que las necesidades de gasto

---

[3] El índice de precios inicio en 201.3 en enero de 1952 y disminuyo a 191.9 en diciembre de ese año

aumentaron a un rito mayor a la capacidad de generar riqueza en el país.

Según el promedio de la proporción del gasto en cada uno de los ramos del Gobierno Central entre 1950-1960 se observa una mayor concentración en Comunicaciones y Obras Públicas que representó un 25 % del total, seguidamente en Defensa con un 14 %, Educación un 12 % y Salud un 9 %.

Como ya se ha mencionado, el incremento del gasto conllevo a una mayor necesidad de endeudamiento público. Según los datos que presenta Posas y Del Cid (1974), en 1950 la deuda pública era de 11.6 millones, no obstante, para 1960 esta había aumentado a 59.32 millones, es decir, un aumento del 411 %. Aunque parte de los recursos se destinó a proyectos esenciales como carreteras, electrificación y educación, otra parte fue absorbida por déficits fiscales y gastos administrativos, lo que limitó su impacto en el desarrollo productivo y social.

A grandes rasgos, la economía de esta década se caracterizó por una fuerte dependencia del sector agrícola, particularmente del cultivo y exportación del banano. El banano se consolidó como el principal producto de exportación, representando un alto porcentaje del total de las exportaciones, lo que otorgaba a las compañías bananeras estadounidenses, como la United Fruit Company, una considerable influencia en el sector. Otros productos agrícolas importantes fueron el café, la plata y el ganado, pero las fluctuaciones en su producción y precios impactaban directamente la economía nacional.

El sector industrial era relativamente pequeño, enfocado principalmente en la producción de bienes de consumo para el mercado interno, con industrias manufactureras relevantes en el procesamiento de alimentos, bebidas, textiles y tabaco. La inversión extranjera, en particular la proveniente de empresas bananeras estadounidenses, fue fundamental para la economía hondureña, pero su volatilidad, sujeta a la percepción de inestabilidad política y económica, condicionó el crecimiento económico.

La experiencia de este período, especialmente la crisis económica de 1954 dada en la industria bananera puso de manifiesto la necesidad de diversificar la economía hondureña para reducir su dependencia del sector bananero, así como de reformas laborales, sociales, políticas e institucionales. El desarrollo de otros sectores productivos, como la industria manufacturera y el turismo, se presentaba como una estrategia para lograr un crecimiento económico más sostenible a largo plazo, no obstante, esta transición demandaba una mayor capacidad instalada en carreteras, energía y mano de obra calificada, lo que obligó al gobierno a aumentar su gasto público más allá de los ingresos fiscales corrientes incurriendo en un mayor endeudamiento público para financiar esa expansión económica.

Sección 1: Evolución de la economía de Honduras en 1950 a 1960

Comportamiento del PIB

Iniciada la segunda mitad del siglo veinte en Honduras el país atraviesa una serie de transformaciones productivas, institucionales y de política. Se crea el Banco Central de Honduras y otras instituciones financieras del Estado, como Banco del Fomento cuyo objetivo era promover el crédito para modernizar las actividades productivas. Además, se crea la Oficina de Planificación y el Consejo Nacional de Economía para diseñar y coordinar estrategias de desarrollo económico y social. En este sentido, se puede decir que esta década marco un proceso de formalización y ordenamiento de la economía del país.

Tabla 1. Producto Interno Bruto de Honduras nominal y Real 1950 a 1960

Año	PIB Nominal	PIB Real	Tasa de Crecimiento Real
1950	410.4	403.4	
1951	464.9	422.6	5%
1952	487.8	435.9	3%
1953	587.8	464.3	7%
1954	568.1	434.8	-6%

1955	623.8	451.9	4%
1956	640.9	493.4	9%
1957	686.8	526.3	7%
1958	715.8	539.1	2%
1959	749.4	560.8	4%
1960	779.0	570.6	2%

Fuente: Elaboración propia en base a las memorias de Banco Central de Honduras de 1950 a 1960

Entre 1950 y 1960, en términos reales en base al año 1948, la economía hondureña tuvo un crecimiento promedio del 3.61 %, no obstante, se registran dos años cuyo crecimiento se ubica en extremos opuestos, 1954 con una contracción de - 6 % y 1956 con un crecimiento de 9.18 %, muy por encima del promedio. Por tanto, vale la oportunidad de indagar en los hechos que devinieron en el resultado del PIB para cada año, con un particular énfasis en los años antes mencionados.

En este sentido, entre 1950 y 1951 se observó un crecimiento importante en el ingreso nacional, que alcanzó los 332.5 millones de lempiras en 1950 y aumentó a aproximadamente 360 millones de lempiras en 1951. En el mercado laboral, se contabilizaron, aproximadamente, 500,000 ocupados, de los cuales el 77 % se encontraba en la actividades agrícolas y ganaderas, en la industria manufacturera se encontraban 20,000 personas ocupadas y en los servicios financieros y de comercio 13,000.

En lo monetario, la circulación del lempira se fortaleció, puesto que, hasta 1949, alrededor el 70 % del circulante estaba constituido en dólares de loes Estados Unidos, no obstante, para 1951 se redujo la proporción de la moneda americana en circulación a menos del 15%, mientras que el Lempira representaba casi el 60% de la circulación.

El mercado financiero mantuvo el dinamismo de los años recientes anteriores y, en 1950 los préstamos aumentaron en un 6 %, no obstante, para 1951[4] se observa una contracción del 5 %, aunque de igual manera los préstamos totalizaron alrededor de 22 millones de lempiras, casi el triple de lo observado 10 años antes. Ahora bien, conforme el destino territorial, estos se concentraron en 5 departamentos, Francisco Morazán, Cortés, Atlántida, Choluteca y Santa Bárbara.

Por lo demás, el gobierno mantuvo una política fiscal equilibrada, lo cual generó un superávit para 1951, asimismo, la deuda pública se mantuvo relativamente estable durante estos años, con una mayor proporción de deuda interna flotante. El gobierno emitió bonos para financiar la instalación del servicio telefónico en Tegucigalpa y San Pedro Sula. También se aprobó la emisión de bonos para la modernización de carreteras.

En 1952, la economía hondureña continuó mostrando un crecimiento, aunque a un ritmo ligeramente menor en comparación con años anteriores. El producto nacional

---

[4] Esta disminución puede ser atribuida a las políticas del Banco Central de Honduras orientadas a restringir la expansión del crédito para controlar la inflación y mantener la estabilidad de la moneda, como resultado, en este año se registró una variación negativa del índice general de precios en -38%.

aumentó a 435.9 millones de lempiras, lo que refleja un incremento real de 3.15%. Este crecimiento fue impulsado en parte por un aumento en la formación bruta de capital, que alcanzó los 62 millones de Lempiras.

Tabla 2. Producto Interno Bruto Real por Rama de Actividad Económica de 1950 a 1960, en millones de lempiras

Actividad	1950	1951	1952	1953	1954	1955	1956	1957	1958	1959	1960
Agricultura, silvicultura y pesca	199.6	205.7	201.8	209.4	190.4	193.4	219.5	225.1	228	244.9	244.1
Explotación de minas y canteras	6.3	6.4	7.7	10.2	9.7	5.7	4.2	4.9	5.6	4.8	5.5
Industrias manufactureras	32.6	36.4	40.8	47	43.2	48.4	52.5	55	57.8	60.4	63.9
Construcción	16.4	19.3	23.1	26.7	20.9	21.6	22.9	23.1	23	18	15.9
Electricidad, gas, agua y servs. Sanits.	0.4	0.5	0.6	0.7	0.9	1	1.1	1.3	1.5	1.7	2
Transporte, almac. y comnuc.	22.9	24.4	25.2	27.4	27.7	29.2	29.9	30.8	31.2	34.7	36.4
Comercio al por mayor y menor	41.4	43	45.8	50.6	50	52.2	53.3	55.5	58.9	61.8	62.6
Banca, segs y bienes inmuebles	2.5	2.6	2.6	2.7	3.2	3.5	4	4.5	5	4.1	4.5
Propiedad de viviendas	25.7	26.8	27.7	28.7	29.2	30.1	31.7	32.8	34.9	35.1	36.4
Adm. Pública y Defensa	9	10.6	10.6	12.5	13.3	13.6	15.2	18.4	18.4	19.3	19
Servicios	24.3	20.8	22.3	23.3	23.1	24.1	24.4	25.8	27.4	30.3	31.4
Discrepancias			8.5	-0.1	-0.3	-9.5	-9.7	-0.3	1	-1.5	-1.8
PIB al costo de factores	381.1	396.5	416.7	439.1	401.3	413.3	449	476.9	492.7	513.6	519.9
Imps. indirectos menos subsidios			35	34.2	33.5	38.6	44.4	49.4	46.4	47.2	50.7
Producto Interno Bruto	**403.4**	**422.6**	**452**	**473.3**	**434.8**	**452**	**493.4**	**526.3**	**539**	**560.8**	**570.6**

Por su parte, el sector bancario mostró un aumento en los depósitos, con un incremento en el medio circulante. Tanto los depósitos bancarios como el monto de los préstamos mostraron una tasa de crecimiento positiva, del 1 y el 4% respectivamente.

Para 1953, la economía hondureña experimentó un crecimiento sustantivamente mayor a lo observado en los años anteriores, con un valor real de L 464.3 millones, que representa una tasa de crecimiento del 6.52%, impulsado principalmente por el sector agrícola. Por su parte, la formación bruta de capital aumentó a L 73 millones en 1953, comparado con L 62 millones en 1952.

En cuanto a las finanzas públicas, los ingresos del gobierno aumentaron a L 44.40 millones, siendo los impuestos sobre la producción y el consumo una de las principales fuentes de financiamiento. Sin embargo, gasto público también aumentó, especialmente en áreas como el desarrollo económico y las obras públicas, por lo que, contrario a años anterior, el resultado fiscal fue negativo, dejando al gobierno con un déficit de L 4 millones –cabe mencionar que, a partir de este año el gobierno mantendría un déficit constante el resto de la década 1950-1960–, debido a esto, se observó un aumento de la deuda pública que aumentó un 22 %, alcanzando un monto de 17.88 millones de lempiras, de los cuales el 90 % era mediante deuda interna siendo el Banco Central de Honduras uno de los principales acreedores.

Tabla 3. Ingresos y gastos del gobierno de Honduras de 1950 a 1960. En millones de Lempiras

Año	Ingresos	Gastos	Déficit/ Superávit
1950	32.30	34.40	-2.10
1951	38.80	34.10	4.70
1952	43.90	43.40	0.50
1953	44.60	55.20	-10.60
1954	44.60	55.20	-10.60
1955	51.00	53.30	-2.30
1956	58.90	68.80	-9.90
1957	69.30	73.20	-3.90
1958	64.50	75.00	-10.50
1959	67.20	77.70	-10.50
1960	71.10	79.20	-8.10

Fuente: Elaboración propia en base a las memorias de Banco Central de Honduras de 1950 a 1960

En 1954, la economía de Honduras experimentó una severa depresión debido a la combinación de la huelga bananera y fenómenos climáticos adversos, asimismo sucedió un golpe de Estado que tendría efectos en los años subsiguientes.

La huelga paralizó la industria bananera, un pilar fundamental de la economía, causando una reducción del 26% en el volumen de las exportaciones de banano en comparación con 1953.

Esta situación afectó negativamente la recaudación de ingresos tributarios, particularmente por el impuesto sobre la renta de las empresas bananeras que disminuyo del 91% de la recaudación estatal en 1950 al 12% en 1954. Disminución que fue amortiguada por una mayor tributación de las empresas nacionales aportando el 88 % de la recaudación por el impuesto sobre la renta.

Simultáneamente, inundaciones y huracanes dañaron la producción agrícola y la infraestructura, resultando en una baja de la producción agrícola real de 209.4 millones de lempiras en 1953 a 190.4 millones en 1954. Como resultado, el Producto Interno Bruto (PIB) disminuyó de 464.3 millones de lempiras en 1953 a 434.8 millones en 1954, en términos reales.

La menor actividad de las compañías bananeras contribuyó a una disminución general de las exportaciones del 14 % lo que se tradujo en una disminución del superávit de la balanza de pagos del 72 %.

El gobierno respondió con un aumento en la inversión en obras públicas como medida para estimular el empleo. Esto incluyó la construcción y reparación de carreteras y puentes, siendo la prioridad la rehabilitación de la Costa Norte, la región más afectada, para reactivar las plantaciones de banano. Para financiar estas inversiones, el gobierno recurrió al crédito externo y a la emisión de bonos, lo que llevó a un incremento de la deuda pública, mismo que se sostendría en los siguientes años.

Lo cual devino un aumento del gasto público muy superior a los ingresos. En tanto los ingresos disminuyeron un 8 %, los gastos aumentaron un 14 %, dando como resultado el déficit público más elevado de la década, 14.60 millones de lempiras.

Tabla 4. Ingresos fiscales del gobierno de Honduras de 1950 a 1960 en millones de Lempiras

Rubro	1950	1951	1952	1953	1954	1955	1956	1957	1958	1959	1960
Impuesto Sobre la Renta	5.1	7	7.4	7.8	8.5	4.5	8.4	13.7	9.4	10.7	10.4
Impuesto Sobre la Producción, consumo interno y consumo externo	8.7	9.2	10	10.7	8.8	13.4	16.6	16.3	17.5	18	19.1
Impuesto de Importación	16	19.3	22	22.5	23.6	26.8	28.4	32.4	32	31.5	33.7
Impuesto Sobre la Exportación	0.9	1.1	1.2	1.4	1.2	2.5	2.6	2.7	2.8	3.5	3.4
Otros Ingresos	1.6	1.6	1.3	2	2.5	3.8	2.9	4.2	2.8	3.5	4.5
Total	**32.3**	**38.2**	**41.9**	**44.4**	**44.6**	**51**	**58.9**	**69.3**	**64.5**	**67.2**	**71.1**

Fuente: Elaboración propia en base a las memorias de Banco Central de Honduras de 1950 a 1960

Tabla 5. Gastos del Gobierno Central Según Unidades Administrativas 1950 1959
en millones de lempiras

Unidad Administrativa	1950	1951	1952	1953	1954	1955	1956	1957	1958	1959
Salud Pública	2.4	3.1	3.2	3.4	4.9	5	6.3	6.9	6.9	8.3
Defensa	5.7	6.4	6.5	5.6	5.9	5.9	8.4	9.3	10.2	11
Educación Pública	3.1	3.8	4.9	5	5.9	6.2	7.7	8.2	11.6	12.9
Economía y Hacienda	3.1	3.3	3.5	4	4	4	6.1	7.1	6	6
Comunicaciones y Obras	5.1	7.4	12.3	15.1	16.9	13.2	18	18.5	20.8	16.6
Demás instituciones	15	10	11.7	15.3	17.6	19	22.8	23.2	19.5	22.9
Total	**34.4**	**34**	**42.1**	**48.4**	**55.2**	**53.3**	**69.3**	**73.2**	**75**	**77.7**

Fuente: Elaboración propia en base a las memorias de Banco Central de Honduras de 1950 a 1960

Tabla 6. Gastos del Gobierno Central Según Clasificación Funcional 1950 1960, en millones de lempiras

Año	Seguridad y Adm Gral.	Gastos sociales			Gastos Económicos			Gastos No Clasificados	Total
		Educación Pública	Otros gastos	Total	Transporte y Comunicación	Otros Gastos	Total		
1950	14.7	3.4	3.1	6.5	3.9	9.3	13.2		34.4
1951	15.8	4.2	4.1	8.3	6.4	3.6	10		34.1
1952	16.6	5	5.5	10.5	10.1	48	58.1	0.1	85.3
1653	17.8	5.5	6.3	11.8	13.3	5.2	18.5	0.3	48.4
1954	19.5	6	7.7	13.7	14.5	7	21.5	0.5	55.2
1955	20.5	6.5	7.3	13.8	10.8	7.6	18.4	0.6	53.3
1956	25.8	7.3	9.4	16.7	15.1	10.2	25.3	0.9	68.7
1957	29	8.4	9.1	17.5	16.2	9.2	25.4	1.3	73.2
1958	26.7	11.5	10.4	21.9	18	7.1	25.1	1.3	75
1959	27.1	13.9	12.4	26.3	16.6	6	22.6	1.7	77.7

Fuente: Elaboración propia en base a las memorias de Banco Central de Honduras de 1950 a 1960

Ahora bien, el sistema financiero tuvo un desempeño positivo manteniendo el dinamismo observado en años anteriores, con un crecimiento de 17% en los préstamos y 16% en los depósitos. Esto sucedió, en parte, por las políticas orientas a estimular el crédito; el medio circulante aumento a 68.85 millones de lempiras, un 16% más con respecto a 1953, se expandieron las operaciones directas del Banco Central de Honduras, incrementando el crédito a los bancos comerciales y, además concediéndoles redescuentos.

Tabla 7. Concentración promedio de los préstamos por destino económico 1950 a 1960

Destino	Participación promedio del total
Producción agrícola	16%
Producción Ganadera	4%
Producción Industrial	10%
Servicios	3%
Construcción	23%
Propiedad Raíz Compra Venta	10%
Comercio	27%
Consumo	7%

Fuente: Elaboración propia en base a las memorias de Banco Central de Honduras de 1950 a 1960

La composición de los préstamos otorgados por el sistema bancario se distribuyó entre varios sectores de la economía, como la producción agrícola, ganadera, industrial, comercio y servicios, aunque se observó que una parte importante se destinó a la producción agrícola. La distribución de la cartera de inversiones por sectores de la siguiente manera a septiembre de 1954:

- Producción Agrícola: 9,484.00 miles de lempiras, lo que representa el 26.5% del total de la cartera.
- Producción Ganadera: 1,238.00 miles de lempiras, que corresponde al 3.4% del total de la cartera.
- Producción Industrial: 750.00 miles de lempiras, el 2.1% de la cartera.
- Propiedad Raíz (Construcción y Compraventa): 1,791.00 miles de lempiras, equivalente al 5.0% de la cartera.
- Comercio: 12,522.00 miles de lempiras, representando un 35.0% de la cartera.
- Consumo: 10,790.00 miles de lempiras, el 30.0% de la cartera

En 1955, la producción agrícola mostró signos de recuperación después de la disminución experimentada en 1954. La producción de banano, en particular, tuvo un repunte, aunque no alcanzó los niveles de años anteriores. Representó un 48.8% del PIB en 1955, un incremento con respecto al año anterior.

Ahora bien, la actividad minera se mantuvo en un nivel bajo, sin una contribución significativa al PIB en 1955. En tanto, las industrias manufactureras experimentaron un ligero crecimiento en 1955, aunque su participación en el PIB siguió siendo menor en comparación con otros sectores como la agricultura

Por su parte, el sector de la construcción registró un modesto crecimiento en 1955, impulsado por la inversión en obras principalmente públicas y, en menor medida privadas.

Este repunte favoreció una mayor actividad comercial, además, esta actividad se benefició de las políticas de crédito implementadas por el Banco Central. Todo lo cual contribuyo a que la economía de Honduras mostrara una tasa de crecimiento positiva del 3.93 %.

Las exportaciones tuvieron un repunte en 1955, después de la baja del año anterior. Es importante destacar que la economía hondureña seguía siendo muy dependiente de la producción agrícola y las exportaciones, lo que la hacía vulnerable a factores externos como las fluctuaciones en los precios del mercado internacional y los problemas climáticos.

En cuanto a los precios, se observó una tendencia al alza durante 1955. La presión inflacionaria se debió, en parte, al aumento en la demanda interna y al incremento en los costos de producción, asimismo al aumento del circulante registrado en 1954, mismo que tuvo que ser contrarrestado en 1955 para disminuir la presión inflacionaria.

Referente al mercado laboral, una de las consecuencias negativas de los eventos de 1954 fue un aumento del desempleo. Chocano (1975) y Posas y del Cid (1983) confirman que la fuerza de trabajo laborando en las compañías bananeras en 1955, rondaba los 16,000 trabajadores, no obstante, en 1950 dicho indicador era de 35,000.

1956 fue un año convulso debido al golpe de Estado militar dado el 21 de octubre, contra el presidente Julio Lozano Díaz, en respuesta a su convocatoria a Asamblea Nacional Constituyente que se realizó el 7 de octubre, en las que él mismo había resultado electo presidente del país.

No obstante, estos hechos no detuvieron consolidación de la recuperación económica iniciada en 1955. De esta manera, en 1956 que se observó un crecimiento real de 9.18 %, es decir 6 puntos porcentuales superior a 1955. Este crecimiento fue mayormente favorecido por la actividad agrícola, que registro una producción real de 219.5 millones de lempiras, 13 % mayor que el resultado del año anterior, asimismo, la industria manufacturera que creció un 8%, el sistema financiero un 14%, solamente la explotación minera registró una contracción del 26%.

En el contexto del comercio internacional, la disminución de la actividad bananera dio paso a una mayor participación de otros productos en la canasta de exportaciones hondureñas (como la madera, plata, ganado, algodón y minerales), esto permitió no solo aumentar las exportaciones totales en más de 10 millones de lempiras, sino también, a recuperar el superávit en la balanza de pagos luego del déficit de 2.90 millones en la balanza de pagos que se registró en 1955.

Así, la expansión del comercio exterior constituyo uno los factores favorables para el desempeño económico de 1956, si bien, el banano y el café continuaron siendo los productos estrella de las exportaciones hondureñas, hubo una mayor participación de bienes que, años más tarde, se posicionarían como los principales productos de exportación.

Otro elemento importante, al que se puede atribuir el crecimiento económico de 1956, es el incremento de las importaciones de materias primas, bienes de capital y materiales de construcción. Este aumento coincide con una mayor inversión del gobierno, particularmente en construcciones y transporte.

Tabla 8. Exportaciones según productos de exportación 1950-1960 en millones de lempiras

Año	Exportaciones Totales	Banano	Café	Otros Productos
1950	123.3	83.4	18.6	21.3
1951	127.9	83.4	18.6	25.9
1952	129.8	84.7	24.2	20.9
1953	139.8	82.3	24.2	33.2
1954	112.7	59.5	28.2	25.0
1955	132.3	68.5	27.6	36.2
1956	140.4	67.4	24.0	49.0
1957	132.3	67.4	24.0	40.9
1958	142.6	75.2	22.1	45.3
1959	140.3	64.2	23.8	52.3
1960	128.6	56.3	23.8	48.5

Fuente: Elaboración propia en base a las memorias de Banco Central de Honduras de 1950 a 1960

Aunado a esto, también se observó un crecimiento entorno al 30 % en los préstamos y créditos de la banca nacional, destinados mayormente al comercio, la propiedad raíz, la producción industria y la producción agrícola.

Este buen desempeño de la economía se reflejó en una mejora de los ingresos del gobierno que aumentaron un 16 %, este incremento provino por una mayor recaudación del Impuestos Sobre la Renta y Sobre la Producción y el Consumo, que tuvieron crecimiento del 84% y 24% respectivamente.

Para 1957 La actividad económica de Honduras mantuvo un ritmo de crecimiento más lento que el año anterior. El producto bruto interno alcanzó L 526.3 millones a precios constantes de 1948. La agricultura continuó siendo el sector más importante de la economía nacional, representando L 225.1 millones en 1957. Sin embargo, su contribución relativa al producto interno total disminuyó al 43%. Las condiciones sociales y ambientales, como las repetidas depresiones y huracanes, afectaron la producción agrícola, resultando en un crecimiento de 2.6% significativamente menor al observado el año anterior.

En cuanto al sector fiscal, el gobierno del presidente Villeda Morales, priorizo los gastos corrientes, aunque también realizó inversiones importantes en gastos de capital. En total, en este año se ejecutaron L 73.20 millones en gasto público, siendo el ramo de Comunicaciones y Obras Públicas fue el que realizo mayores gastos, seguido por el ramo de Defensa y en tercer lugar Educación Pública.

Ahora bien, las finanzas del gobierno enfrentaron ciertas dificultades. Los ingresos del gobierno central disminuyeron en 4.9 millones, un 7 % menos, que lo recaudado en 1957. Esta disminución se explica únicamente a la caía en los ingresos por impuestos sobre la renta debido a las pérdidas reportadas por las compañías bananeras en 1957.

El gasto público, aumentó en un 6 %, lo cual superó por mucho a los ingresos del gobierno resultando en un déficit de 3.90 millones de lempiras. Debido a esta situación, el gobierno incurrió en un mayor endeudamiento público aumentando la deuda total en casi un 34 %, mayormente la deuda interna, la cual fue financiada fundamentalmente por el Banco Central de Honduras.

Sin embargo, tanto la necesidad del gobierno de financiar el déficit fiscal como el bajo nivel de reservas Internacionales dieron como resultado un incremento notable del 34 % de la deuda pública, con una tasa de crecimiento de la deuda externa del 149% y del 22 % de la deuda interna. El resultado, entonces fue, una deuda total de 31.3 millones de lempiras.

No obstante, el Banco Central de Honduras mantenía una postura conservadora respecto de la política monetaria, lo cual se reflejó en una disminución del medio circulante en un 1 %.

El nivel general de precios se mantuvo relativamente estable, situándose en una variación interanual del 1%. A pesar de esta estabilidad general, se observaron algunos aumentos en los precios de ciertos artículos, especialmente en el grupo de alimentos. Este aumento se debió a diversos factores, incluyendo las condiciones climáticas y las variaciones estacionales en la producción de cosechas básicas como el maíz, los frijoles y el arroz.

Al cierre de 1958, se observa que la economía del país enfrentó una disminución en su ritmo de crecimiento, con una variación real del 2.43% mucho menor a lo observado solo dos años antes. Por supuesto, este resultado se relaciona con un menor desempeño de la actividad agrícola, que luego de mostrar tasas de crecimiento de hasta 13 % se redujo a un 1 %.

En el contexto del comercio internacional, se observó un superávit de L 7.37 millones debido al aumento de las exportaciones en L 10.32 millones por una mayor exportación de banano, lo que coincidió con una disminución de las importaciones de L 5.14 millones, debido a menores importaciones de materias primas y bienes de capital.

Tabla 9. Importaciones según categoría económica 1950-1960, en millones de lempiras

Año	Importaciones Totales	Categoría Económica			
		Bienes de Consumo	Materias Primas	Bienes de Capital	Materiales Construcci
1950	69.40	33.60	18.10	12.30	5.40
1951	95.20	35.70	36.50	15.10	7.90
1952	116.70	38.40	39.40	24.50	14.40
1953	108.60	43.10	33.60	22.20	9.70
1954	104.50	46.00	33.00	18.20	7.30
1955	110.40	50.60	34.40	17.70	7.70
1956	120.30	45.00	44.20	22.80	8.30
1957	140.39	53.40	47.60	30.20	9.19
1958	135.20	54.20	41.40	29.90	9.70
1959	126.60	53.90	38.70	26.30	7.70
1960	130.90	56.30	32.00	33.40	9.20

Fuente: Elaboración propia en base a las memorias de Banco Central de Honduras

En este año, por primera vez, se observó una salida neta de capital extranjero, según la Memoria del Banco Central de Honduras 1958, en dicho año el saldo de la Inversión Extranjera fue de L -9.9 millones, en tanto en el sector agrícola la desinversión fue de -14.1 millones de lempiras. Pero también hubo una mayor inversión en la actividad minera y en otros sectores no especificados.

Ambas situaciones, conjugadas con los hechos de 1954, provocaron una disminución sostenida de las Reservas Internacionales. Para 1958, en el nivel de las RIN se ubicaba en 17.5 millones de lempiras, monto que era un 67.2% menor a lo observado en 1954.

Debido a convergencia de sucesos, el Banco Central de Honduras adoptó una postura más rigurosa cuanto a la política cambiara y la política monetaria, se autorizó la apertura de cuentas en moneda extranjera, al gobierno a contratar deuda externa, sobre todo mediante bonos nacionales. En lo monetario, hubo una disminución del medió circulante en un 1%, mismo hecho que se puede relacionar con la desaceleración en el ritmo de crecimiento de los préstamos, que pasó de un crecimiento de 28% en 1956, 15% en 1957 y 12% para 1958.

Para 1959 la economía hondureña se recuperaba ligeramente de la contracción sucedida en 1954, en palabras del Banco Central de Honduras, en su memoria de 1959 "la situación está aún lejos de ser la que se esperaba y aún mucho menos la que se anhela". Dicha frase encierra en sí misma los resultados de las principales variables macroeconómicas del país.

El crecimiento del Producto Interno Bruto resulto de 4.03 %, no obstante, se observaba una disminución en el ritmo de crecimiento algunas de las principales actividades económicas como la minería, la construcción y los servicios financieros.

La actividad agrícola experimentó un crecimiento del 7.41% con respecto a 1958, mayormente influenciada por condiciones climáticas favorables. Por otro lado, la minería, representó el 0.86% del PIB, mostró una contracción del -14%. La construcción por su parte decreció un 22 % y la actividad bancaria se contrajo en un 18 %.

La agricultura y la industria manufacturera mantenían tasa de crecimiento positivas de 7% y 4%. En este sentido, se puede decir que, pese las dificultades que enfrentó el país por su alta dependencia de la agricultura, no se logró diversificar a otras actividades menos susceptibles al clima y las inversiones extranjeras.

En lo que respecta a las finanzas gubernamentales, los ingresos fiscales estimados inicialmente en 75.3 millones de lempiras, se vieron reducidos a 67.9 millones. Los gastos del gobierno se distribuyeron en diferentes áreas, se ejecutaron 26.3 millones en programas sociales, 26.6 millones a proyectos económicos y obras públicas, y 27.1 millones a la administración general. Además, se asignaron 5.7 millones para el servicio de la deuda pública.

En total, la deuda pública para 1959 sumaba L 52.3 millones, compuesta en un 62 % por deuda interna y un 38% por deuda externa. La deuda pública externa aumento de L 10 millones en 1958 a 20 millones en 1959, siendo los principales acreedores de esta deuda el Banco Internacional de Reconstrucción y Fomento (BIRF) y Banco de Exportación-Importación. Caso contrario se observó con la deuda interna, la cual disminuyo en 2.1 millones de lempiras.

En el ámbito del comercio exterior, las ventas al exterior totalizaron 140.30 millones de lempiras. Las exportaciones de banano representaron la mayor parte con 64.20 millones de lempiras, seguidas por las de café con 23.79 millones de lempiras. En cuanto a las importaciones, Norteamérica fue el principal proveedor con 65.9 millones de lempiras, mientras que las compras a Europa alcanzaron los 9.2 millones de lempiras.

El sector financiero también experimentó movimientos relevantes. El Banco Central destinó 5.3 millones de lempiras a adelantos y descuentos para los bancos comerciales y el Banco Nacional de Fomento. De esta cantidad, 1.8 millones se asignaron a los bancos comerciales. La cartera de créditos del sistema bancario ascendió a 63.0 millones de lempiras al cierre de 1959, lo que, en comparación con los 58.9 millones del año anterior, representa un aumento del 6 %.

Adicionalmente, se estableció un acuerdo "Stand-by" con el Fondo Monetario Internacional por 4.5 millones de dólares, equivalente al 60 % de la cuota del país a la institución en ese entonces.

Honduras podía utilizar estos fondos para reforzar la posición de las reservas internacionales del país y robustecer la balanza de pagos, en tanto los desembolsos que no fuesen mayores a $1.25 millones en cualquier período de 30 días. Vale decir que este acuerdo contribuyo a una ligera recuperación de las Reservas Internacionales, las cuales mostraron un aumento del 15, aproximadamente 2.6 millones de lempiras más que el saldo de 1958.

Llegado el final de década, la economía del país ralentizó aún más su tasa de crecimiento, aquel auge observado en 1956 y 1957 no se logró sostener, o al menos desacelerar su disminución en el tiempo. Para 1960, el crecimiento económico fue de 1.75%, la agricultura, principal actividad económica de aquella época básicamente tuvo un crecimiento nulo, en tanto, la construcción, que venía en franco deterioro desde 1953 se contrajo un 12%, resultado que puede ser atribuido a la disminución en la construcción de viviendas (formación bruta de capital en el sector vivienda en 1954 era de L 23.8 millones, para 1960 era de L 20.5 millones), adicionalmente, la inversión del gobierno en carreteras y puentes se redujo de 7.5 millones de lempiras en 1954 a 3.8 millones de lempiras en 1960.

En lo que respecta al comercio exterior, las exportaciones experimentaron un retroceso de 12 millones de lempiras, en tanto, las importaciones aumentaron en 4.3 millones, dando como resultado un déficit comercial de 2.29 millones de lempiras, el cual resulta significativo considerando que el año anterior se había obtenido un superávit de L 13.70 millones.

Tabla 10. Balanza Comercial 1950 1960, en millones de lempiras

Año	Exportaciones	Importaciones	Saldo
1950	120.40	69.40	51.00
1951	138.00	95.20	42.80
1952	132.30	116.70	15.60
1953	143.20	108.60	34.60
1954	114.10	104.50	9.60
1955	107.50	110.40	-2.90
1956	151.63	120.30	31.33
1957	132.30	140.39	-8.08
1958	142.62	135.25	7.37
1959	140.30	126.60	13.70
1960	128.61	130.90	-2.29

Fuente: Elaboración propia en base a las memorias de Banco Central de Honduras de 1950 a 1960

En cuanto a las finanzas del gobierno, los ingresos totales alcanzaron los 71.1 millones de lempiras, 6% superiores al año anterior. Los gastos totalizaron 79.20 millones, 2 % mayores que en el año 1959, por lo que, en este año se redujo ligeramente el déficit del gobierno en 2.4 millones de lempiras.

Los gastos del gobierno se destinaron primordialmente a Seguridad, Defensa y Administración General con 27.1 millones de lempiras ejecutados en este rubro, en segundo lugar, a Gastos Sociales con 24.9 millones de lempiras y, finalmente a Gastos Económicos, con 19.2 millones de lempiras ejecutados.

La deuda pública continúo incrementando en 1960 debido a que se requería dinero para financiar el déficit fiscal, para esto, se recurrió mayormente a endeudamiento público externo, el cual aumento un 30 %, 10 veces más que la deuda interna. Este incremento se materializó a través de la emisión de bonos y Letras de Tesorería del gobierno central.

Entre 1950 y 1960, la economía de Honduras experimentó una transición importante, consolidando sus instituciones financieras y buscando la estabilidad económica.

Al comienzo de los años cincuenta, la economía hondureña se caracterizó por una fuerte dependencia de la agricultura, especialmente de la venta de banano al extranjero. Sin embargo, el país dio pasos hacia la diversificación, impulsando otros productos como el café, el abacá y la plata.

El comercio con otros países fue un motor importante para la economía durante estos años. Las ventas al exterior se dirigían mayormente a los Estados Unidos y El Salvador, mientras que las compras desde el exterior se concentraban en bienes de consumo, materias primas y bienes de capital.

En el ámbito financiero, la creación del Banco Central de Honduras en 1950 marcó un antes y un después. El Banco Central tomó las riendas de la política monetaria y crediticia, y se encargó de emitir la moneda nacional, el Lempira.

A lo largo de los años cincuenta, el Banco Central puso en marcha distintas medidas para promover la estabilidad económica y el desarrollo del país. Entre ellas, se destacan el establecimiento de reservas obligatorias para los bancos, la regulación de las tasas de interés y el control del crédito.

En lo que respecta a la política fiscal, el gobierno hondureño enfrentó desafíos considerables en el manejo de sus finanzas. Los ingresos del gobierno provenían principalmente de los impuestos a la producción, el comercio y el consumo, pero en muchos casos los gastos superaban a los ingresos, lo que generaba déficits.

Para cubrir estos déficits, el gobierno recurrió tanto al financiamiento interno como al externo. La deuda pública, tanto interna como externa, creció de manera importante durante este periodo.

Hacia finales de los años cincuenta y principios de los sesenta, la economía hondureña empezó a mostrar indicios de diversificación y modernización. Se fomentó la inversión en obras de infraestructura, como carreteras y puentes, y se impulsó el desarrollo de nuevos sectores, como la industria y los servicios.

Sección 2: Primeros pasos del sistema financiero moderno en Honduras

Política Monetaria y la reacción del mercado financiero

La fundación del Banco Central de Honduras marcó un avance significativo en la modernización y centralización de la administración monetaria del país. En sus inicios, la política monetaria desempeñó un papel fundamental en la regulación del crédito, la gestión de las reservas internacionales y la determinación de las tasas de interés en el mercado.

Con la creación del Banco Central de Honduras (BCH), se implementaron diversas medidas de política monetaria para responder a las condiciones económicas cambiantes. Inicialmente, se estableció una tasa máxima del 8 % para préstamos y descuentos, con tasas preferenciales para el crédito agrícola e hipotecario. En esta etapa, en ausencia de una tasa de política monetaria explícita, el BCH regulaba las tasas de interés máximas y los requisitos de encaje como principales instrumentos de política.

Asimismo, se adoptó un sistema de paridad fija, estableciendo un tipo de cambio de 2 lempiras por dólar. Esta estrategia tenía como objetivo reducir la incertidumbre en las transacciones comerciales internacionales, dada la alta dependencia de la economía hondureña en la exportación de productos agrícolas, como el café y el banano. La estabilidad cambiaria también contribuyó al control de la inflación, al limitar las fluctuaciones en los precios de los bienes importados y fortalecer la confianza en la moneda nacional.

Además, se autorizó a las entidades bancarias del país a operar en divisas, permitiéndoles la compra y venta de dólares estadounidenses. De igual manera, se establecieron normativas para la negociación de oro físico dentro del territorio nacional, requiriendo la autorización del BCH para tales operaciones.

Desarrollo de la banca comercial en el país

Antes de la fundación del Banco Central, el sistema financiero hondureño era limitado y poco estructurado. Las actividades bancarias eran llevadas a cabo principalmente por bancos comerciales, en su mayoría extranjeros, con poca regulación y sin un marco centralizado que garantizara la estabilidad financiera. Este sistema estaba estrechamente vinculado a las necesidades del sector exportador, particularmente de las empresas bananeras transnacionales que operaban en el país.

La ausencia de un banco central también significaba que Honduras carecía de una política monetaria efectiva, lo que dificultaba la gestión de la liquidez y la estabilidad cambiaria. Estas limitaciones llevaron a la promulgación de la Ley Monetaria y Bancaria en 1950, la cual estableció las bases para la creación del Banco Central de Honduras como la institución responsable de centralizar la emisión de moneda, regular el sistema bancario y fortalecer la economía nacional.

El BCH comenzó a operar en 1951 con un mandato claro: convertirse en el principal regulador del sistema financiero hondureño. Su misión inicial incluía la emisión de la moneda nacional, el lempira, como medio de fortalecer la identidad financiera del país y reemplazar la dependencia de monedas extranjeras.

El Banco Central asumió varias funciones clave desde sus primeros meses de operación, muchas de las cuales continúan siendo fundamentales hoy en día como la emisión monetaria, regulación del encaje legal, control del crédito y el tipo de cambio, hoy conocidos como la política monetaria, la política crediticia y la política cambiaria.

La creación del Banco Central marcó un antes y un después en la economía hondureña. Las políticas implementadas ayudaron a fortalecer el sistema financiero y a estabilizar la economía en un momento de transición, sentándose así las bases para una mayor integración financiera y para el desarrollo de nuevas herramientas de política monetaria que beneficiarían al país en las décadas siguientes.

Cinco eran los bancos que operaban en Honduras, 1) Banco Atlántida, 2) Banco de Honduras, 3) Banco Nacional de Fomento, 4) Banco Comercial Hondureño y, por supuesto, 5) Banco Central de Honduras, es decir, tres bancos comercias y dos bancos estatales.

El Banco Atlántida se destacó como líder en el sistema bancario, concentrando el 35% de los depósitos totales, seguido por el Banco de Honduras con un 25%, el Banco Nacional de Fomento y el Banco Comercial Hondureño presentaron una participación de mercado más modesta, con un 20% cada uno. Sin embargo, mostraron una buena gestión de sus recursos, manteniendo reservas adecuadas en el BCH y enfocándose en el financiamiento de sectores claves como la agricultura y el comercio.

Los ingresos de los bancos comerciales estuvieron impulsados principalmente por los intereses generados en sus operaciones crediticias, aumentando en promedio un 12 % anual. Durante este período de tiempo, la rentabilidad sobre el capital invertido promedio rondó el 15 %.

Este buen desempeño fue favorecido por el crecimiento de sectores económicos clave como la agricultura y el comercio. Sin embargo, los bancos también enfrentaron el reto de mantener sus gastos operativos bajo control. En particular, los costos relacionados con la expansión de sucursales y la modernización de sus sistemas administrativos representaron una parte significativa de sus egresos.

El crédito se concentró principalmente en sectores productivos como la agricultura, la ganadería y el comercio. Este enfoque reflejaba las prioridades de la economía hondureña en ese momento, que dependía en gran medida de las exportaciones de productos como el café, el banano y otros bienes agrícolas.

El Banco Atlántida canalizó cerca del 40% de sus créditos hacia la agricultura, seguido por un 30% al comercio y un 20% a la industria. En tanto, el Banco de Honduras mostró una diversificación mayor, con un 35% destinado a la agricultura, un 25% al comercio y un 25% a la industria. Por su parte, la cartera crediticia del Banco Mercantil se concentró en el comercio, con una participación superior al 50 % en esta actividad.

Gráfico 1. Préstamos Bancarios 1950 a 1960

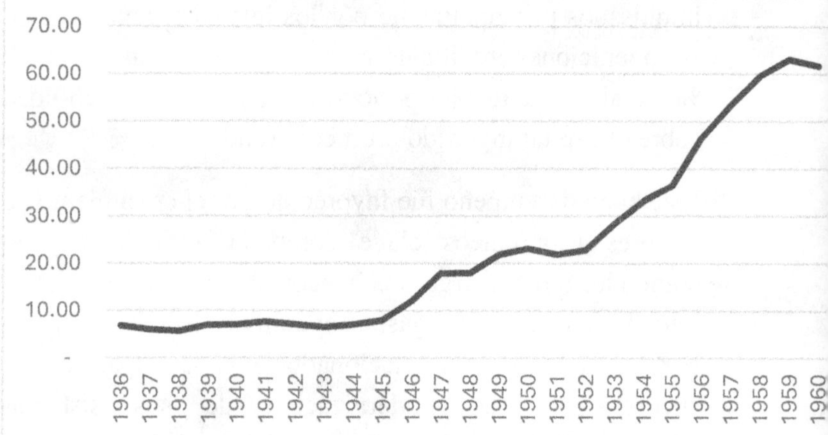

Fuente: Elaboración propia en base a las memorias de Banco Central de Honduras de 1950 a 1960

Este crecimiento del crédito también estuvo relacionado con la política monetaria del Banco Central de Honduras, que incentivó la liquidez en el sistema financiero y redujo su tasa de interés de 6.5% a 4.8% entre 1950 y 1956 y así promover la inversión en el país.

Más allá de la simple provisión de préstamos, los bancos privados hondureños de la época participaban en una variedad de operaciones financieras que abarcaban desde la negociación de divisas hasta la recepción de depósitos y la emisión de instrumentos de pago. Algunos bancos contaban con la autorización del Banco Central para negociar divisas, facilitando el comercio internacional y la inversión extranjera. La captación de depósitos en moneda nacional y extranjera era otra actividad fundamental, que les permitía movilizar los ahorros de la población y ofrecer rendimientos atractivos. La inversión en títulos y valores, como bonos del gobierno, también formaba parte de su estrategia, contribuyendo a financiar proyectos públicos y obtener ganancias adicionales.

Este desarrollo del sistema financiero ocurrió en un contexto de crecimiento económico sostenido. La economía hondureña mostró tasas de crecimiento promedio del PIB del 3.63% anual, impulsada por la exportación de productos agrícolas. Los bancos jugaron un papel fundamental al facilitar el financiamiento necesario para la modernización de los sectores productivos y la expansión del comercio.

Sin embargo, también existían riesgos asociados al modelo de crecimiento. La concentración del crédito en sectores específicos, como la agricultura, expuso al sistema financiero a riesgos significativos derivados de la volatilidad de los precios internacionales de productos clave como el café y el banano. Por ejemplo, entre 1953 y 1956, los precios del café fluctuaron en un rango de hasta un 30%, afectando directamente la capacidad de los productores para cumplir con sus obligaciones crediticias.

Además, la limitada participación del sector industrial en la cartera crediticia reflejaba una economía predominantemente agraria. En 1956, apenas el 15% del crédito total se destinó a la industria, en comparación con el 60% dirigido a la agricultura. Esto no solo restringió la diversificación económica, sino que también redujo las oportunidades de innovación y modernización de la economía hondureña.

La combinación de estos elementos con la escasez de capital, la especulación y la falta de diversificación de la economía, llegaron a representar serios desafíos para expandir la actividad bancaria hacía los horizontes países con economías más avanzadas.

A pesar de estos desafíos iniciales, el sector financiero mostró resiliencia y capacidad de adaptación. Los bancos continuaron otorgando créditos a los diferentes sectores de la economía, aunque con ciertas restricciones y ajustes en las tasas de interés. Se promovió la inversión en actividades productivas que pudieran generar ingresos en divisas y reducir la dependencia de las exportaciones tradicionales.

Influencia del sector financiero en el desarrollo territorial

El sector financiero jugó un papel significativo en la configuración del desarrollo territorial en Honduras durante los años 50, aunque con una distribución desigual de los recursos. Los bancos, en particular el Banco Atlántida y el Banco de Honduras, canalizaron inversiones hacia el centro, norte y noroccidente del país, principalmente a la producción agrícola, la construcción y el comercio, lo que influyó directamente en el crecimiento y la modernización de diversas regiones, pero también generó desequilibrios.

Las regiones con mayor acceso al crédito bancario experimentaron un desarrollo más rápido en sectores clave como la agricultura de exportación (banano y café), el comercio y la construcción. Por ejemplo, la disponibilidad de financiamiento para la producción bananera impulsó el crecimiento de las zonas costeras del norte, mientras que el acceso al crédito para el café benefició a las regiones montañosas del centro y occidente.

Sin embargo, esta concentración de inversiones también condujo a desequilibrios territoriales, dejando atrás a las regiones con menor acceso al crédito debido a su ubicación, infraestructura deficiente o menor potencial económico percibido. Esto resultó en una mayor desigualdad en la distribución de la riqueza y las oportunidades entre las diferentes regiones.

Mapa 1. Concentración de los préstamos por departamento 1951

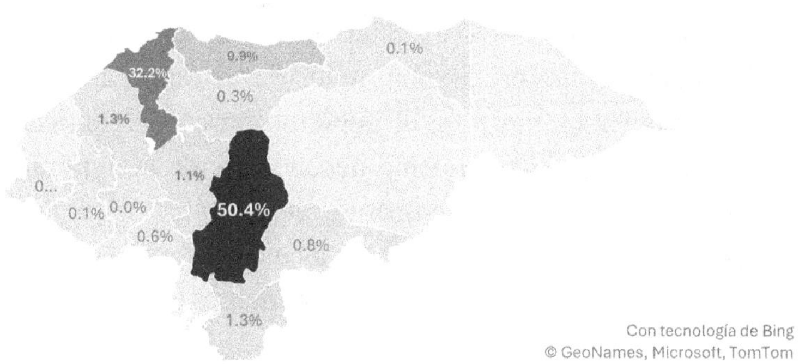

Fuente: Elaboración propia en base a las memorias de Banco Central de Honduras de 1950 a 1960

En concreto, los departamentos que más créditos recibieron fueron Francisco Morazán, Cortés y Atlántida. Francisco Morazán, donde se encuentra la capital, Tegucigalpa, concentró una gran parte de la actividad económica y financiera. Cortés, con su importante puerto de Puerto Cortés, se benefició del financiamiento para el comercio y la industria. Atlántida, en la costa norte, recibió inversiones significativas debido a la producción bananera. Otros departamentos como Choluteca, Santa Bárbara y Yoro también recibieron créditos, pero en mucha menor medida.

Sección 3: Medidas de Políticas Económicas e influencia de actores internacionales

Impacto de las políticas y acciones del gobierno

Durante estos años, las políticas de gobierno jugaron un papel fundamental en la configuración de las estructuras productivas del país y en el establecimiento de relaciones económicas con actores internacionales. A través de un enfoque en la promoción industrial y la atracción de inversiones extranjeras, el gobierno buscó diversificar la economía, tradicionalmente dependiente de la agricultura de exportación. Sin embargo, los resultados de estas políticas fueron mixtos, con avances significativos en ciertos sectores y limitaciones importantes en otros.

Cabe mencionar que antes de este período no se conoció una política de promoción y desarrollo económico que a su vez deviniera en la creación de instituciones y leyes con objetivos concretos como el Banco Central de Honduras, el Banco Nacional del Fomento y la Ley de Impuesto Sobre la Renta. Posteriormente, la creación, en 1954, del Consejo Nacional de Economía daría paso a la elaboración del Plan Nacional de Desarrollo Económico 1958-1962, en el que se priorizaba la inversión en transporte y energía.

Además de esto, el gasto público durante los años 50 y principios de los 60 se orientó hacia áreas específicas que buscaban modernizar el país y estimular la economía. Una porción significativa del presupuesto público se destinó al fomento de la agricultura y la infraestructura, con inversiones en carreteras, electrificación y servicios de comunicación. El gasto en defensa y seguridad también fue relevante, reflejando la importancia que el gobierno daba a la estabilidad interna y la protección de sus intereses. Asimismo, el gasto público en salud y educación tuvo una participación importante, aunque en menor medida que los ramos anteriores.

Estas inversiones buscaban mejorar la producción agrícola, facilitar el transporte de productos y atraer inversión extranjera. No obstante, se puede decir que su influencia fue dispar en el desarrollo del país. Las inversiones en infraestructura facilitaron el crecimiento de ciertos sectores, como la agricultura de exportación y el comercio, pero también generaron desequilibrios territoriales al concentrarse en áreas específicas.

La expansión de la actividad agrícola y minera, favorecida por incentivos fiscales y otras políticas de gobierno tuvieron implicaciones negativas en el ámbito ambiental. Las actividades extractivas se llevaron a cabo a menudo sin consideraciones adecuadas para la sostenibilidad, lo que resultó en una degradación considerable de tierras y ecosistemas.

Estas actividades no solo redujeron significativamente la cobertura forestal, sino que también afectaron los hábitats de múltiples especies, exacerbando los riesgos de pérdida de biodiversidad a largo plazo.

A lo largo de estos años grandes extensiones de bosque fueron taladas para abrir paso a proyectos industriales y agrícolas, generando pérdidas irreparables de biodiversidad. Se estima que entre 1950 y 1960, aproximadamente un 20% de las áreas boscosas del país fueron convertidas en tierras agrícolas o industriales.

Esta deforestación estuvo concentrada en regiones como el litoral atlántico, donde empresas internacionales expandieron cultivos como el banano, y en áreas cercanas a centros urbanos que experimentaron un auge industrial.

La pobre regulación ambiental inefectiva y las pocas medidas de mitigación para proteger los recursos naturales resultaron en impactos negativos que perduraron mucho más allá de este periodo.

Influencia de actores internacionales en la actividad económica del país

En el ámbito internacional, el gobierno de Honduras estableció acuerdos de cooperación y tratados bilaterales con países como Estados Unidos y organizaciones financieras internacionales. Estas alianzas facilitaron la llegada de capital extranjero, que se concentró principalmente en el sector agrícola, especialmente en la producción de banano y café. Compañías como la United Fruit Company y la Standard Fruit Company no solo aportaron capital, sino también tecnología moderna y prácticas avanzadas de gestión, incrementando la productividad y competitividad de estos sectores. Sin embargo, la fuerte dependencia de estas empresas extranjeras generó tensiones, ya que concentraban gran parte de las ganancias y limitaban el control del gobierno sobre recursos clave.

Además de la agricultura, el gobierno buscó diversificar la inversión extranjera hacia sectores como la minería y la energía. Se promovieron proyectos de exploración y explotación de recursos minerales, atrayendo el interés de corporaciones internacionales. Sin embargo, los resultados fueron mixtos debido a la falta de infraestructura adecuada, altos costos operativos y una burocracia ineficiente que disuadieron a potenciales inversionistas. Aunque se lograron algunos avances, la contribución de estos sectores al desarrollo general del país fue limitada durante este período.

Ahora bien, en el período de 1950 a 1960 Honduras estableció y consolidó sus relaciones con el Fondo Monetario Internacional (FMI), marcando un hito en la modernización de su política económica y financiera. En septiembre de 1950 funcionarios del Banco Central de Honduras asistieron a la Junta de Gobernadores del FMI y a la Segunda Reunión Extraordinaria del Consejo Interamericano Económico y Social en Panamá en 1951.

Uno de los objetivos principales de esta colaboración fue fortalecer las reservas internacionales del país y garantizar la convertibilidad del lempira. En este contexto, Honduras recurrió al FMI en busca de asistencia financiera y técnica. En 1958, por ejemplo, el BCH y el Gobierno de Honduras acordaron un programa con el FMI para restaurar gradualmente las reservas internacionales y asegurar la convertibilidad monetaria.

El FMI también influyó en la política crediticia del país. En 1960, el Banco Central, siguiendo las directrices del FMI, implementó medidas para limitar el crédito y fomentar la estabilidad financiera. Además, el FMI proporcionó financiamiento para proyectos de desarrollo y asistencia técnica en diversas áreas, mencionadas en capítulos anteriores.

No obstante, hubo desacuerdos entre las partes, por ejemplo, la imposición de medidas de austeridad y la devaluación de la moneda generaron tensiones internas y críticas hacia las políticas del FMI, así como cuestionamientos a las recomendaciones del organismo y las necesidades internas del país.

Sección 4: Reflexión sobre la década y su legado económico

El período de 1950 a 1960 fue un período de transición para la economía hondureña, caracterizado por un crecimiento económico que, sin embargo, no logró traducirse en mejoras significativas para la mayoría de la población. El modelo de enclave bananero generó dependencia de la inversión extranjera, además, en lugar de corregir la desigualdad social y vulnerabilidad de la población se profundizaron las brechas entre los grupos poblacionales.

En este período se pudieron haber tomado decisiones diferentes para promover un desarrollo más equitativo y sostenible. La diversificación de la economía, la inversión en educación y la implementación de políticas sociales habrían mitigado los efectos negativos del modelo bananero. Sin embargo, la inestabilidad política y la influencia de los agentes externos dificultaron la implementación de estas medidas.

Si bien los esfuerzos del gobierno para diversificar la producción agrícola fueron importantes, así como las políticas económicas para fomentar el desarrollo, incluyendo la inversión en infraestructura y la promoción de la producción industrial Honduras no logró alcanzar el ritmo que si tuvieron otros países de región que si avanzaron hacía un mayor nivel de industrialización y desarrollo socioeconómico.

Sumado a lo anterior, sucede que, tanto los gastos del gobierno como el financiamiento de las inversiones mediante préstamos se destinó hacía una única región del país, que años más tarde se conocería como la T del desarrollo. Por supuesto, esto provocó una migración interna del campo hacía las ciudades de los departamentos de Francisco Morazán, Cortes, Atlántida y Santa Barbará mayormente, sin embargo, las ciudades no pudieron absorber a todos los migrantes, lo que generó problemas de desempleo y falta de vivienda.

En la producción, el Producto Interno Bruto mostró una tendencia media de crecimiento del 3.6% siendo la agricultura, la silvicultura, la caza y la pesca representaron la mayor parte del PIB durante este periodo. En 1950, este sector generó 199.6 millones de lempiras en términos reales; para el final de la década dicho valor, a L 244.1 millones, es decir, un crecimiento real del 22%.

Sin embargo, este crecimiento no fue constante y estuvo sujeto a fluctuaciones debidas a factores climáticos, inestabilidad política y la dependencia de un solo producto de exportación. Por ejemplo, en 1954 la huelga bananera y los fenómenos climáticos sucedidos en el mismo año y el golpe de estado sucedido en 1956 contra Julio Lozano Díaz.

Adicionalmente, existían condiciones prexistentes en la economía del país que impedían el despegue económico que transformara al país.

Reducido tamaño del mercado interno.

En un territorio de 112 km^2 y una población aproximada de 1.5 millones, la densidad población en la década de 1950 rondada los 13.4 habitantes por kilómetro cuadrado. Por otro lado, el ingreso promedio por persona rondaba los 150 lempiras al año. En este sentido, Honduras contaba con una población reducida y una gran parte de esta tenían bajos niveles de ingresos, esto limitaba la demanda interna de bienes y servicios.

Esta situación afectó negativamente la producción, el comercio y la industrialización del país, ya que las empresas no podían alcanzar economías de escala ni desarrollar un mercado de consumo amplio. La falta de un mercado interno robusto desincentivó la inversión en sectores productivos diferentes a la agricultura de exportación, perpetuando así la dependencia del país de un solo sector.

Falta de diversificación productiva

El enfoque casi exclusivo en la producción de banano y otros productos agrícolas para la exportación impidió el desarrollo de una industria manufacturera nacional y de otros sectores que pudieran haber contribuido a la creación de empleo y riqueza.

En 1950, la producción manufacturera alcanzó una producción real de 32.6 millones de lempiras, en comparación con los 199.6 millones de la producción agrícola, se observa una relación de 6 a 1 de la agricultura frente a la producción industrial. Para el año 1960, dicha relación se achico a la mitad, sobre todo por un incremento cercano al 100 % de la producción industrial en esos 10 años, sin embargo, la agricultura, entre 11 actividades económicas, seguía siendo la principal.

Profunda dependencia extranjera

Estados Unidos fue el principal destino de las exportaciones hondureñas, especialmente de banano, lo que generó una alta vulnerabilidad a las fluctuaciones de la demanda y los precios en este mercado. Las compañías fruteras como la United Fruit Company y la Standard Fruit Company ejercieron una gran influencia económica y política en Honduras, controlando la producción, el transporte y la comercialización del banano. Esto representó un costo de oportunidad para Honduras en cuanto a la diversificación de sus exportaciones, así como el desarrollo de su propia industria.

La dependencia del mercado estadounidense también se evidenció en la exportación de otros productos. Por ejemplo, la madera hondureña se exportaba principalmente a los Estados Unidos. En 1950 el 84.7% del valor de las exportaciones de banano y el 57.5% del valor de las exportaciones de oro se dirigieron a los Estados Unidos. La falta de diversificación de socios comerciales y la excesiva concentración en uno solo mercado limitaron la posibilidad de Honduras de negociar mejores condiciones comerciales. En 1957, las exportaciones a Estados Unidos representaban el 63.9% del total, con una tendencia a disminuir en los años siguientes. En 1960 esta cifra alcanzó el 53.3%.

La influencia de las empresas extranjeras se extendía más allá del sector bananero, abarcando también otros sectores económicos, como la minería y la construcción. Estas empresas a menudo operaban con pocos controles y regulaciones, lo que les permitía obtener grandes beneficios a costa de los recursos naturales del país y de la mano de obra local.

Integración del Mercado Financiero

El sistema financiero hondureño durante este período enfrentó limitaciones significativas, incluyendo un acceso limitado al crédito y la falta de inversión en sectores productivos. La creación del Banco Central de Honduras en 1950 fue un paso importante, pero la banca comercial seguía siendo conservadora en la concesión de préstamos y priorizaba sectores tradicionales como el comercio. El crédito agrícola, por ejemplo, era limitado y a menudo inaccesible para los pequeños productores.

La falta de un mercado de capitales desarrollado limitó la capacidad de las empresas para financiar su crecimiento y expansión. El Banco Central trató de estimular el mercado de valores, pero tuvo poco éxito en atraer inversionistas privados. Además, la regulación de la banca no siempre logro promover la estabilidad del sistema financiero. El encaje bancario era frecuentemente modificado, lo que generaba inestabilidad en la disponibilidad de fondos para préstamos.

Las instituciones financieras aun necesitaban una mayor capacidad técnica y administrativa para evaluar los riesgos crediticios y para canalizar el crédito hacia los sectores más productivos de la economía, así como aquellos proyectos de inversión potencialmente productivos.

Ambiente político inestable

Posiblemente lo que más resalto las limitaciones del país para desarrollar plenamente su economía fueron los frecuentes cambios de gobierno, las tensiones sociales y la corrupción dificultaron la implementación de políticas económicas a largo plazo. La inestabilidad política generó incertidumbre en el sector privado, limitó la inversión nacional y ahuyento la inversión extranjera destinada hacía otros sectores distintos a la agricultura.

La falta de políticas económicas consistentes también fue un problema durante este período. Las decisiones a menudo se basaban en intereses políticos a corto plazo y no siempre promovían el desarrollo económico del país a largo plazo. El gasto público no estaba siempre bien enfocado, y la política fiscal no siempre logró estabilizar la economía.

Este conjunto de elementos condicionó a que, en primer lugar, la economía del país no se diferenciará del resto de países de la región, por el contrario, formaba parte una gran cadena internacional de producción bananera, por otro lado, en lugar de corregir fallos de mercado y externalidades negativas provoco nuevos conflictos, profundizó las desigualdades económicas y sociales y desaprovecho el potencial productivo de otros territorios distintos del país.

La herencia ¿Qué le dejo a los años venideros la actividad económica sucedida entre 1950 y 1960?

Las consecuencias a largo plazo del desempeño económico de Honduras entre 1950 y 1960 se manifestaron en varios aspectos. En términos de infraestructura, el crecimiento económico de la época no se tradujo en mejoras significativas en las carreteras, los puertos y otros servicios básicos, lo que dificultó el desarrollo de otros sectores.

La industrialización avanzó lentamente, limitada por el tamaño del mercado interno, la falta de inversión y la competencia de productos importados. La estabilidad política siguió siendo esquiva, con frecuentes golpes de estado y una falta de consenso sobre las políticas económicas a seguir.

Al comparar el desempeño económico de Honduras con el de otros países de la región en la década de 1950, se observa que Honduras se quedó rezagada en términos de diversificación económica e industrialización. Países como Costa Rica, Guatemala y México lograron avanzar más en la creación de industrias manufactureras y en la mejora de sus infraestructuras. Esto se debió en parte a políticas gubernamentales más estables y a una mayor inversión en educación y tecnología.

FIN

Anexo. Primera Memoria del Banco Central de Honduras junio 1950 a junio 1951[5]

[5] Digitalizada por el equipo técnico del proyecto Erandique a partir de los documentos disponibles en el Archivo Nacional de Honduras

PRIMERA MEMORIA
DEL
BANCO CENTRAL
DE
HONDURAS

JUNIO 1950 A DICIEMBRE 1951

LOPEZ Y CIA.
TEGUCIGALPA, D. C.

BANCO CENTRAL DE HONDURAS

DIRECTORIO

ROBERTO RAMIREZ
Presidente

TOMAS CALIX MONCADA
Vice-Presidente

POR EL GOBIERNO:

MARCO A. BATRES
Ministro de Hacienda, Crédito Público y Comercio

POR EL BANCO NACIONAL DE FOMENTO:

GUILLERMO LOPEZ RODEZNO
Presidente

RENE CRUZ
Vice-Presidente

POR LA BANCA PRIVADA:

MANUEL A. ZELAYA
Director del Ahorro Hondureño, S, A.

IGNACIO AGURCIA
Director Banco de Honduras

POR LAS FUERZAS VIVAS:

EUGENIO MOLINA h.
Miembro Cámara de Comercio e Industrias

SAMUEL DA COSTA GOMEZ
Miembro Cámara de Comercio e Industrias

FUNCIONARIOS

ARTURO H. MEDRANO
Gerente

OSCAR BENDAÑA
Jefe del Depto. de Caja

ALEJANDRO ARMIJO PINEDA
Jefe del Depto. de Cambios

ALFONSO SOSA T.
Jefe del Depto. de Contabilidad

JULIAN RIVERA MATUTE
Sub-Jefe del Depto. de Emisión

RICARDO CALLEJAS
Jefe del Depto. de Superintendencia de Bancos

ROGELIO MARTINEZ A.
Jefe del Depto. Jurídico

RIGOBERTO R. BORJAS
Auditor Interno

FRANCISCO I. MAZIER
Auditor Externo

PAUL VINELLI
Asesor Técnico
y Jefe del Depto. de Estudios Económicos

LA ECONOMIA HONDUREÑA EN 1950 Y 1951

I - Situación General

En los años de 1950 y 1951 la producción nacional de bienes y servicios llegó al nivel más alto en la historia de este país. La renta nacional ascendió en 1950 a 332.5 millones y en 1951 casi alcanzó 360 millones, es decir, hubo un aumento en términos monetarios de 8%, y en términos reales de 2%, aproximadamente. Esto ocurrió en todas las actividades económicas.

El desenvolvimiento que ha tenido la economía hondureña no solamente durante los dos últimos años sino desde la posguerra, se ha realizado dentro de una estabilidad económica y financiera muy satisfactoria. El dinero de origen interno ha sufrido una pequeña restricción, pero ésta ha sido más que compensada por un aumento del medio circulante de origen externo, como consecuencia de una balanza de pagos bastante activa.

Otro aspecto favorable que ha contribuido al bienestar económico de Honduras ha sido el equilibrio fiscal que se ha podido mantener durante este período. La política gubernamental ha sido contraccionista, si se toma en consideración la acumulación en efectivo de un superávit en el año fiscal 1950-51. Esta política ha restringido los medios de pago en manos del público y, consecuentemente suavizado la presión sobre el nivel general de precios. Durante 1950 y 1951 el índice general del costo de la vida en la República, acusa un aumento de 6% anual en relación al de 1949.

HONDURAS-VARIOS INDICES MONETARIOS
1937-100

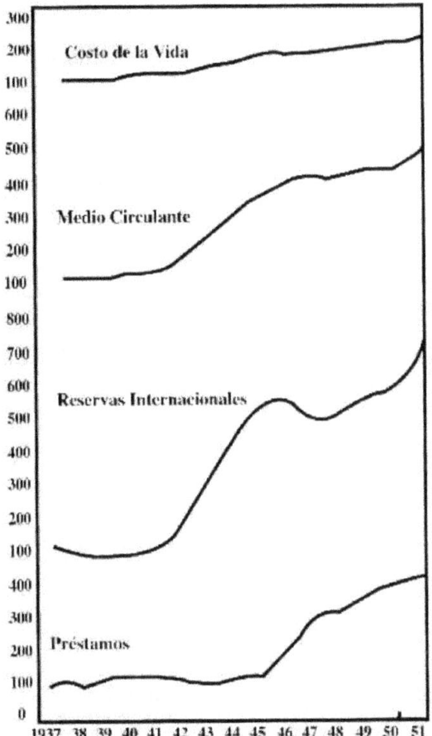

Con base en el censo de 1950, la población económicamente activa ascendió a 675.000 personas, de las cuales más de medio millón estaban dedicadas a la agricultura, 40.000 a la industria manufacturera, 10.000 a construcciones, 8.000 a ocupaciones gubernamentales, 12.000 a transportes y comunicaciones, 13.000 al comercio y finanzas y 25.000 a otros trabajos.

Los aumentos más importantes de la renta nacional ocurrieron en la agricultura y la industria. En 1951 el valor de la producción agrícola alcanzó 243 millones de lempiras y de la industria 34.5 millones contra 225 y 32 millones en 1950, respectivamente. El ritmo de construcción subió en un 12% para dar origen durante el año 1950 a edificaciones nuevas con un valor de más de 19 millones de lempiras.

Una actividad notable, calculada en 20 millones de lempiras, se mantuvo en el comercio y los transportes. El aumento en el valor de los servicios del Gobierno Central y Local, ascendiendo a 11 millones en 1951 fué moderado.

La producción neta en las minas se mantuvo estacionaria alrededor del nivel de L. 3.000.000 alcanzado en 1950.

Los consumos del Gobierno disminuyeron en forma moderada. Esto se debió casi exclusivamente a las administraciones locales; en tanto que las inversiones del Gobierno Central mantuvieron la tendencia ascendente registrada en los últimos años.

Las inversiones de las compañías extranjeras ascendieron a 17 millones de lempiras en 1951, comparadas con 10.6 millones en el año precedente. Estas inversiones se realizaron principalmente para incrementar los trabajos de las compañías fruteras, mineras y madereras que operan en el país.

Dando por sentado que la demanda extranjera para los productos hondureños de exportación continúe manteniéndose en los altos niveles actuales y que la producción agrícola no sufra de fenómenos climáticos desfavorables, se puede prever que durante 1952 la actividad económica seguirá en ascenso. La economía en este próximo año recibirá considerable estímulo de las inversiones productivas que el gobierno está dispuesto a llevar a cabo especialmente en los ramos de caminos, electricidad y comunicaciones.

II - Balanza de Pagos

La Balanza de Pagos de Honduras en 1950 y 1951 siguió siendo favorable y estuvo caracterizada por un fuerte saldo activo en el sector comercial, equilibrado por la transferencia de utilidades provenientes de inversiones extranjeras. Nunca antes la exportación había alcanzado un nivel tan alto. Se acumularon divisas con valor de casi seis millones de dólares en 1951. El aumento de las reservas internacionales del Banco Central fué aún más fuerte, pero parte de aquél tuvo por origen la reexportación de monedas extranjeras que antes estaban en manos del público.

El saldo positivo de la balanza comercial y la transferencia de las ganancias de las compañías extranjeras que trabajan en el país, están íntimamente relacionados, por ser dos aspectos de un mismo fenómeno.

Mientras en 1950 la balanza comercial tuvo un saldo activo de 28.7 millones de dólares, contra una salida de dividendos de 24.5 millones, en 1951 las cifras correspondientes fueron de 25.2 y 25.9 millones de dólares.

La balanza comercial, tal como aparece en el gráfico está calculada **fob**, lo que es conveniente para fines de comparación internacional, pero el valor **cif**, es una medida más adecuada de lo que le cuesta realmente la importación al país.

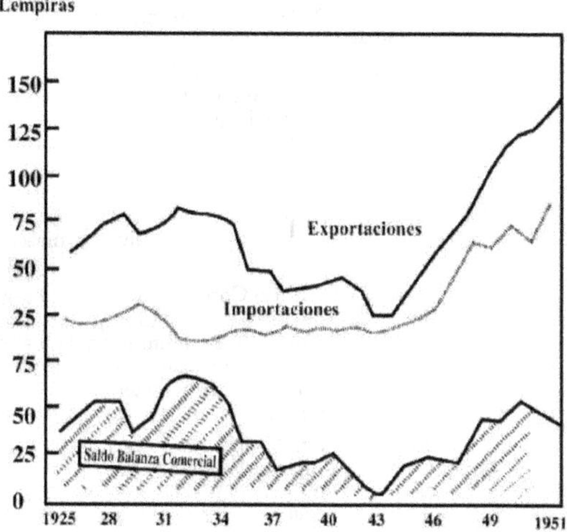

En el cuadro siguiente aparece el valor **cif** de la importación, comparado con el monto **fob** de la exportación, del cual se deduce lo que el país recibe por exportación.

Balanza Comercial 1/
(en millones de dólares)

	1950	1951
Exportación fob	62.5	69.6
Importación fob	33.8	44.4
Flete	3.6	5.0
Seguro sobre Importación	.3	.4
Importación cif.	37.7	49.8
Balanza Comercial	24.8	19.8

1/ de Enero a Diciembre

Aún cuando la balanza comercial sea calculada en esta forma, arroja un considerable superávit.

La exportación de Honduras ha crecido con gran regularidad durante los seis años comprendidos entre 1946 y 1951.

Sobre un total de 69.6 millones de dólares que arrojó la exportación en 1951, el banano representó 45.4 millones, y el café 10 millones de dólares aproximadamente, o sea 65% y 14% por su orden. Estas cifras están basadas en un valor realista de los productos exportados e incluyen una estimación del contrabando del café.

La importación en 1949 fué bastante grande, igual a 17.3 millones de dólares. Este fué el año en que las mercaderías pedidas por los negociantes hondureños después de la guerra, comenzaron a llegar de los Estados Unidos, en grandes cantidades. Hasta entonces Honduras había sufrido la carencia mundial de mercaderías, y cuando las restricciones de exportación de los Estados Unidos se suspendieron, los importadores pidieron más de lo que podía absorber el mercado. Por consiguiente, los almacenes estaban repletos a fines de 1949, y, durante los primeros meses de 1950, las importaciones fueron bajas.

Con la guerra de Corea vino una nueva ola de importaciones esta vez compradas a precios altos. Debido a que los almacenes ya estaban bien surtidos, y por causa de la falta de liquidez de los importadores, el año de 1950 se caracterizó por una importación total reducida. Sin embargo, durante los meses de octubre, noviembre y diciembre del mismo año, la importación alcanzó el nivel más alto hasta entonces.

El valor elevado de la importación a que se registró en 1951 debe considerarse como resultado de las inversiones de las compañías y del Gobierno; de la moderada inflación interna que estimuló al comercio al por menor; y del aumento de precios de las mercaderías importadas.

La inflación ocurrida en Honduras se debió a la acumulación de divisas. Así, la balanza de pagos se ha regulado automáticamente, por su propio impulso, en los años de 1950 y 1951.

Es posible que los exportadores, teniendo en manos haberes muy grandes en dólares, hayan prestado también directamente a los importadores, pero este extremo no se puede comprobar.

Hemos visto anteriormente que las remesas de ganancias de las compañías extranjeras, están íntimamente relacionadas con el balance de la exportación e importación. Es preciso relacionarlas también con otro renglón importante de la balanza de pagos, a saber, las inversiones de capital a largo plazo del sector privado, y sobre todo las de las compañías extranjeras. La balanza de pagos indica una utilidad proveniente de inversiones igual a 25.9 millones de dólares, pero ésto no quiere decir que toda esta cantidad se sustrae del país. Una gran proporción estimada en 8.5 millones de dólares en 1951 queda en Honduras bajo la forma de ganancias reinvertidas. Estas representan mejoras hechas en las instalaciones mantenidas por dichas compañías. Del resto, o sea 17.4 millones de dólares aproximadamente, la mayor parte se transfiere fuera del país.

Si se exceptua el flete y seguro sobre importaciones, que ya se han considerado como parte del valor **cif** de la importación, los otros renglones de la balanza de pagos son de importancia menor.

La sección de transacciones corrientes de la Balanza de Pagos es muchas veces deficitaria. Si se toma en cuenta las inversiones de las compañías extranjeras, el saldo se vuelve positivo, por lo menos en lo que toca a los últimos cuatro años.

III - Comercio Exterior

Exportación

Durante el año fiscal de 1950-51 se mantuvo inalterada la composición de las exportaciones, representadas en su mayoría por alimentos (ganado para alimentación, cereales, etc.) bebidas (café) y materias primas. Los productos manufacturados son insignificantes, puesto que la incipiente industria nacional sigue produciendo principalmente para el consumo interno.

Clasificación Económica de la Exportación

	1949-50		1950-51	
	Miles de lempiras	%	Miles de lempiras	%
Alimentos y bebidas	108.798	86.7	107.033	86.8
Materias primas 1/	15.974	12.7	15.637	12.7
Productos manufacturados	713	.6	612	.5
Exportaciones de productos del país	125.485	100.0	123.282	100.0

La importancia de las grandes compañías extranjeras, tanto fruteras como de minas, resulta evidente en las estadísticas del comercio exterior. Durante el año 1950-51 más del 73.4 de las exportaciones de productos del país derivaron de las mencionadas compañías.

1/ Incluye plata no manufacturada.

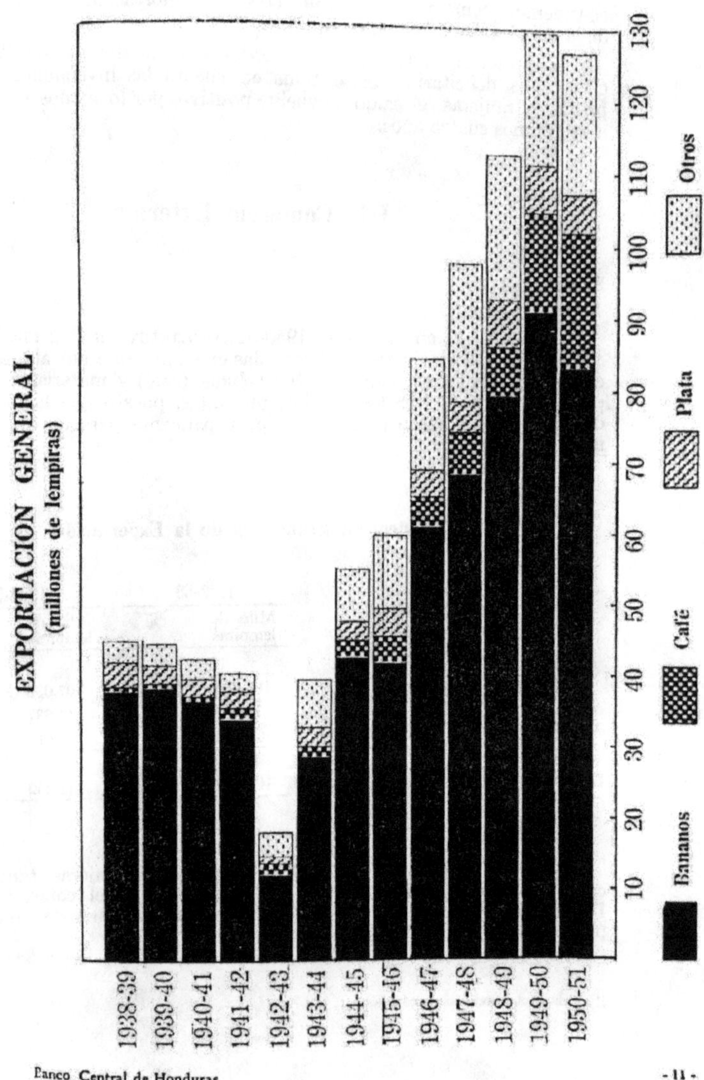
EXPORTACION GENERAL
(millones de lempiras)
1938-39
1939-40
1940-41
1941-42
1942-43
1943-44
1944-45
1945-46
1946-47
1947-48
1948-49
1949-50
1950-51
10
20
30
40
50
60
70
80
90
100
110
120
130
Bananos
Café
Plata
Otros
Banco Central de Honduras
- 11 -

Eportación Total

	1949-50		1950- 51	
	Miles de lempiras	%	Miles de lempiras	%
Exportación Coímpañias fruteras y mineras extranjeras	99.633	79.4	90.4553	73.4
Otras exportaciones del país	25.852	20.6	32.827	26.6
Exportación de productos del país	125.485	100.0	123.282	100.0

La disminución de valor y cuantía de las exportaciones en 1950-51 respecto al año anterior, se debe, en su mayor parte, a una reducción de las exportaciones de banano, abacá y plata. En realidad, las demás exportaciones del país han tenido insignificante aumento con relación al año 1949-50.. Estas exportaciones pueden considerarse propiamente nacionales aunque las integren, como en el caso de la madera, mercaderías producidas en parte también, por compañías extranjeras

La composición de las exportaciones, si se excluyen las compañías fruteras y mineras, adquiere un nuevo aspecto.

Exportacion Excluyendo Compañias Fruteras y Mineras

	1949-50		1950-51	
	Miles de lempiras	%	Miles de lempiras	%
Alimentos y bebidas	17.709	68.5	23.608	71.9
Materias primas	7.430	28.7	8.607	26.2
Productos manufacturados	713	2.8	612	1.9
Exportación de productos del país excluyendo compañías fruteras y mineras	25.852	100 0	32.827	100.0

Se observa, desde este punto de vista, cómo las exportaciones de alimentos y bebidas han aumentado en el año 1950-51, lo mismo que las materias primas. Una ligera baja se ha manifestado en las exportaciones de productos manufacturados.

Considerando nuevamente las exportaciones de productos del país en su totalidad, resalta la importancia del banano y del café.

Análisis de Productos de Exportación más Importantes

	1949-50			1950-51		
	Miles de lempiras	%	Miles de Kg.	Miles de lempiras	%	Miles de Kg.
Banano	91.089	72.6	532.117	83.425	67.7	490.738
Café	13.638	10.9	11.306	18.569	15.1	11.539
Plata	6.620	5.3	140	5.477	4.4	93
Maderas	4.516	3.6	58.058	5.670	4.6	71.588
Ganado	2.376	1.9	8.376	3.024	2.4	11.455
Abacá	1.924	1.5	1.906	1.553	1.3	1.098
Aceites	149	0.1	167	137	0.1	179
Cocos	836	0.7	2.785	1.109	0.9	3.824
Tabaco	924	0.7	2.052	738	0.6	1.783
Otros	3.413	2.7	18.448	3.580	2.9	18.445
Total	125.485	100.0	635.355	123.282	100.0	610.742

Banano

Aparece revaluado según el precio estimado **fob.** Este valor está basado en el precio **cif.** en los mercados importadores, menos el costo de distribución, fletes y seguros, promedios, en un régimen de libre concurrencia (Véanse notas a la Balanza de Pagos).

En el año de 1950-51 se exportaron 12.728.000 racimos, equivalentes a 490.738 toneladas métricas, lo que representa una disminución de más del 7% respecto al año anterior. Estados Unidos representó el principal mercado importador, seguido por Canadá y Holanda.

Banano - Exportación por Países de Destino

	1949-50			1950-51		
	Miles de lempiras	%	Miles de Kg.	Miles de lempiras	%	Miles de Kg.
Estados Unidos	77.188	81.7	450.912	72.290	86.6	425.236
Canadá	12.718	14.0	74.296	10.140	12.2	59.645
Holanda	1.183	1.3	6.908	994	1.2	5.848
Otros países	—	—	—	1	—	8
Total	91.089	100.0	532.116	83.425	100.0	490.737

Café

Durante el año de 1950-51 se exportaron 192.317 sacos de 60 kg. equivalentes a 11.539 toneladas métricas, con un aumento del 2% respecto a 1949-50 Además de un incremento en la cantidad exportada se han podido lograr mejores precios, especialmente en los Estados Unidos, país que compró más del 86% de este producto.

El año de 1950-51 marca una disminución considerable en las ventas de café hondureño a El Salvador, que anteriormente lo reexportaba, a su vez; disminución que se explica en parte por el aumento del impuesto de exportación que grava este grano en dicho país.

Café - Exportación por Países de Destino

	1949-50			1950-51		
	Miles de lempiras	%	Miles de Kg.	Miles de lempiras	%	Miles de Kg.
Estados Unidos	7.959	58.3	5.804	13.657	73.5	7.530
El Salvador	3.515	25.8	3.461	3.307	17.8	2.729
Otros Países	2.164	15.9	2.041	1.605	8.7	1.280
Total	13.638	100.0	11.306	18.569	100.0	11.539

Plata

La exportación de plata se redujo a 93.116 kilos, o sean 289.375 onzas troy. Esta reducción de más del 33% con relación a 1949-50 ha sido sólo en pequeña medida compensada por el alza en los precios de venta. Los mercados importadores en orden de importancia, han sido Estados Unidos e Inglaterra.

Plata - Exportación por Países de Destino

	1949-50			1950-51		
	Miles de lempiras	%	Miles de Kg.	Miles de lempiras	%	Miles de Kg.
Estados Unidos	6.597	99.6	139.945	5.454	99.6	92.723
Inglaterra	23	.4	475	23	.4	393
Total	6.620	100.0	140.420	5.477	100.0	93.116

Otros Productos

El volumen de las exportaciones de madera siguió su marcada tendencia al aumento, mientras que sus precios permanecieron en los niveles de 1949-50. El aumento en la cantidad exportada superó en un 20% a la del año anterior y se debió sobre todo a la madera de pino. Su importancia aparece al considerar que sobre 71.588 toneladas exportadas, o sea 105.745 m^3, dicha madera representó más del 91%.

Los mercados más importantes para las maderas hondureñas fueron también en este año los Estados Unidos, Cuba y el Salvador.

Un aumento del 35% en la cantidad del ganado exportado se verificó en 1950-51 hacia los mercados centroamericanos y en particular a El Salvador, Guatemala y Belice. Los precios de los porcinos disminuyeron en forma sensible.

La exportación de abacá destinado a los Estados Unidos bajó notablemente, reduciéndose a 1.093 toneladas, o sea 42% menos que en el año 1949-50.

Por cuanto se refiere a los demás productos de exportación se ha notado una moderada tendencia al aumento en los cocos; y hacia la disminución en los aceites y el tabaco.

Si bien el oro no representa una mercadería, ni integra las cifras de las estadísticas básicas de comercio exterior, es importante notar cómo las exportaciones de oro en bruto alcanzaron en 1950-51 un total de 29.874 onz. troy vendidas a Estados Unidos e Inglaterrra.

Oro - Exportación por Países de Destino

	1949-50			1950-51		
	Miles de Lempiras	%	Onzas troy	Miles de Lempiras	%	Onzas troy
Estados Unidos	1.288	57.5	16.432	1.209	49.4	14.760
Inglaterra	905	40.4	11.577	1.238	50.6	15.114
Otros Países	47	2.1	611	—	—	—
Total	2.240	100.0	28.620	2.447	100.0	29.874

Destino de las Exportaciones

En general, las exportaciones fueron destinadas al continente americano en su casi totalidad y solo el 1% aproximadamente a Europa y otros continentes.

Exportación por Continentes de Destino

	1949-50		1950-51	
	Miles de lempiras	%	Miles de lempiras	%
América	128.336	98.9	126.038	98.9
Asia	---	-	8	-
Europa	1.459	1.1	1.350	1.1
Otros	32	-	---	-
Total	129.827	100.0	127.396	100.0

Las exportaciones hacia Estados Unidos y hacia El Salvador, aumentaron en 1950-51 representando, respecto al valor total, más del 76% y del 8%, respectivamente.

El comercio de exportación con los países de Centro América sigue en aumento, representando, en 1950-51, más del 9% del valor total de las exportaciones hondureñas.

Importación

Las importaciones en 1950-51 1/ alcanzaron el nivel más alto de la historia económica de Honduras. En términos de valor presentaron un aumento de 18% respecto al año 1949-50 y más del 11% en términos cuantitativos.

La composición en valor de las importaciones según bienes de consumo, materias primas y bienes de capital, permaneció prácticamente invariable.

Importación
Clasificación Económica

	1949-50		1950-51	
	Miles de lempiras	%	Miles de lempiras	%
Bienes de Consumo	31.418	47.1	36.516	46.4
Materias primas	20.859	31.3	25.774	32.7
Bienes de Capital	14.356	21.6	16.267	20.6
Monedas y billetes no emitidos	.3	-	239	.3
Total	66.636	100.0	78.796	100.0

1/ Julio a Junio.

Hemos visto anteriormente la gran proporción de las exportaciones que provienen de las compañías extranjeras.

También revisten gran importancia la importación de materias primas y bienes de capital para la producción de las compañías fruteras y mineras extranjeras, representando en 1950-51 el 29% del valor total de la importación.

Importación Total

	1949-50		1950-51	
	Miles de lempiras	%	Miles de lempiras	%
Importación de materias primas y bienes de capital de las compañías extranjeras fruteras y mineras	18.870	28.3	22.998	29.2
Otras importaciones	47.766	71.7	55.798	70.8
Total	66.636	100.0	78.796	100.0

Excluyendo las compañías fruteras y mineras, la estructura del comercio de importación sigue caracterizándose por un elevado porcentaje de bienes de consumo.

Importación Excluyendo Compañías Fruteras y Mineras

	1949-50		1950-51	
	Miles de lempiras	%	Miles de lempiras	%
Bienes de Consumo	31.418	65.8	36.516	65.5
Materias primas	7.321	15.3	9.452	16.9
Bienes de capital	9.024	18.9	9.591	17.2
Monedas y billetes no emitidos	3	–	239	.4
Importación excluyendo compañías fruteras y mineras extranjeras.	47.766	100.0	55.798	100.0

Más en detalle, se observa la importancia relativa de los grandes renglones que integran los bienes de consumo. Entre los no durables, que representan el 93% del total de dichos bienes, prevalecen: el vestuario, los alimentos y los productos farmacéuticos.

IMPORTACION
(Valores FOB en millones de lempiras)

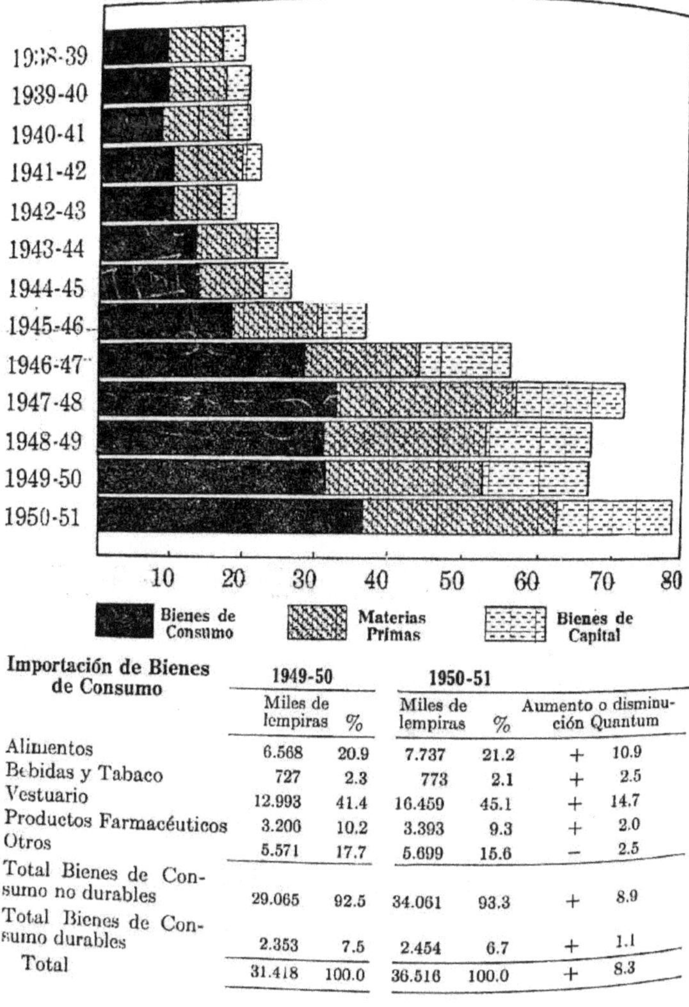

Importación de Bienes de Consumo	1949-50 Miles de lempiras	1949-50 %	1950-51 Miles de lempiras	1950-51 %	Aumento o disminución Quantum	
Alimentos	6.568	20.9	7.737	21.2	+	10.9
Bebidas y Tabaco	727	2.3	773	2.1	+	2.5
Vestuario	12.993	41.4	16.459	45.1	+	14.7
Productos Farmacéuticos	3.200	10.2	3.393	9.3	+	2.0
Otros	5.571	17.7	5.699	15.6	–	2.5
Total Bienes de Consumo no durables	29.065	92.5	34.061	93.3	+	8.9
Total Bienes de Consumo durables	2.353	7.5	2.454	6.7	+	1.1
Total	31.418	100.0	36.516	100.0	+	8.3

Entre las materias primas, representaron el mayor porcentaje las de construcción, los productos químicos y los combustibles y lubricantes.

Importación de Materias Primas

	1949-50		1950-51	
	Miles de lempiras	%	Miles de lempiras	%
Abonos	1.853	8.9	1.462	5.7
Hierro y acero	662	3.2	527	2.0
Otros metales	116	.6	248	1.0
Cueros y pieles	1.420	6.8	1.503	5.8
Para construcción	4.801	23.0	6.327	24.5
Papel y cartón	795	3.8	1.305	5.1
Productos químicos	3.289	15.8	5.760	22.3
Combustibles y lubricantes	4.931	23.6	5.686	22.1
Otras materias primas	2.992	14.3	2.956	11.5
Total	20.859	100.0	25.774	100.0

De los bienes de capital, la maquinaria y los vehículos continuaron siendo en 1950-51 los renglones más significativos.

Importación de Bienes de Capital

	1949-50		1950-51	
	Miles de lempiras	%	Miles de lempiras	%
Herramientas	929	6.5	1.019	6.3
Maquinaria	7.174	49.9	7.854	48.3
Vehículos	4.429	30.9	5.426	33.3
Otros bienes de capital	1.824	12.7	1.968	12.1
Total	14.356	100.0	16.267	100.0

En cuanto se refiere al comercio de importación por países, se nota que disminuyó relativamente el procedente del continente americano debido al aumento de las importaciones de Europa y especialmente de Asia.

Importación por Continentes de Origen

	1949-50		1950-51	
	Miles de lempiras	%	Miles de lempiras	%
América	63.022	94.6	71.903	91.2
Asia	333	.5	1.622	2.1
Europa	3.281	4.9	5.269	6.7
Otros	—	—	2	—
Total	66.636	100.0	78.796	100.0

Mantuvieron el primer lugar los Estados Unidos con más del 74% siguiendo El Salvador, Las Indias Occidentales Neerlandesas, México, Reino Unido, Japón, Alemania, Cuba, etc.

Las importaciones de los Estados Unidos disminuyeron, sin embargo, con relación a los demás países. Desde este punto de vista disminuyeron también moderadamente las importaciones de el Salvador, en particular las de azúcar. Las de las Indias Occidentales Neerlandesas, que fueron casi en su totalidad combustibles líquidos y lubricantes, tuvieron un pequeño incremento, lo mismo que las procedentes de México y del Reino Unido. Una tendencia hacia el aumento se destaca en las importaciones del Japón y Alemania, derivada de su recuperación gradual, aunque estén lejos de haber alcanzado la importancia que tuvieron antes de la guerra.

IV - Finanzas Públicas

Durante el año de 1950-51 ingresaron al Erario Nacional L.41.7 millones y egresaron L.35.2, registrándose un superávit de L.6.2 millones, habiendo excedido al del año fiscal anterior en L.5.1.

Renta Aduanera. Bajo este rubro están comprendidos los ingresos originados en el pago de derechos de importación marítima, postal y terrestre y, en menor escala, los derechos de exportación de bananos, madera y café. Debido al fuerte aumento de las cantidades exportadas en los últimos dos años y al alza de los derechos de exportación, de L.1.00 a L.4.00, en Febrero de 1950, las entradas por la exportación del café han aumentado de L. 64.257.00 en 1947-48 a L.448.472 en 1950-51.

Monopolios. Corresponde a este rubro la renta de aguardiente, que ha constituído a través de los años la principal fuente de ingresos del Fisco. Su producción aumento en 1950-51 en más de un millón de lempiras. Sin embargo, es muy difícil determinar el producto neto de este monopolio, ya que en la contabilidad del Estado no se llevan separadamente los costos de producción del aguardiente.

El alcohol y la pólvora, tambien monopolios del Estado, arrojan apenas L.53.988 y L.60.405 durante los años arriba mencionados.

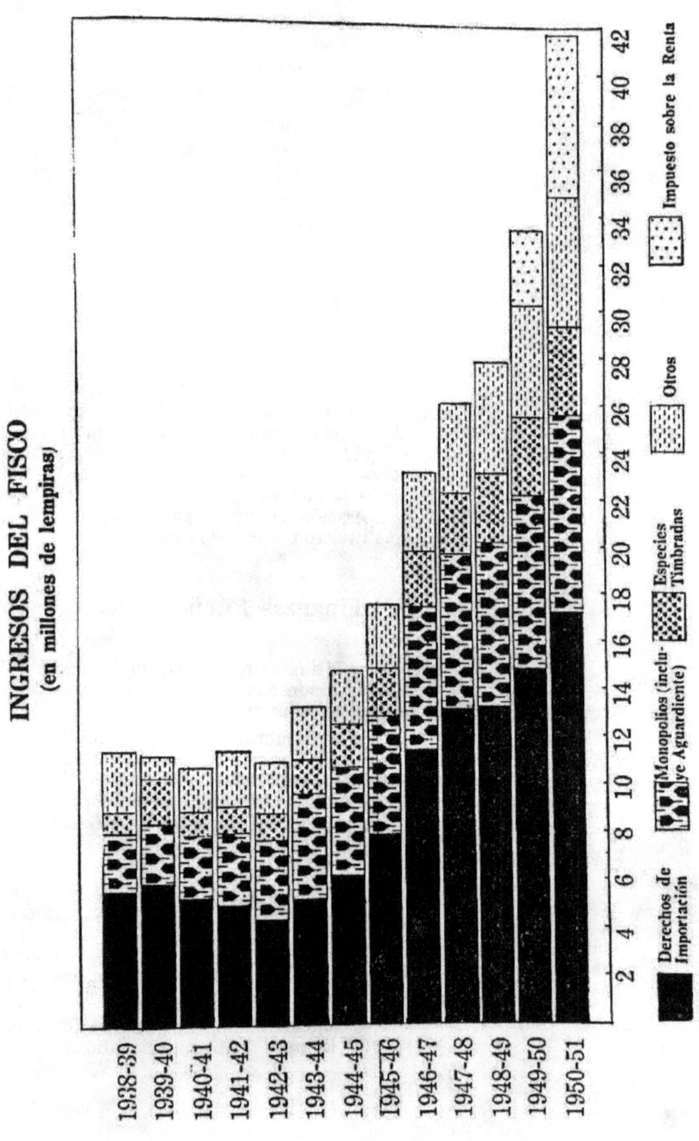
INGRESOS DEL FISCO
(en millones de lempiras)
1938-39
1939-40
1940-41
1941-42
1942-43
1943-44
1944-45
1945-46
1946-47
1947-48
1948-49
1949-50
1950-51
2 4 6 8 10 12 14 16 18 20 22 24 26 28 30 32 34 36 38 40 42
Derechos de Importación
Monopolios (incluye Aguardiente)
Especies Timbradas
Otros
Impuesto sobre la Renta

Especies Timbradas. Este renglón produjo durante el año 1949-50 L. 3.3 millones y L. 3.7 en 1950-51, representado por timbres para cerveza, de la deuda interna, de contratación, papelillo timbrado para cigarrillos, papeles de aduanas y boletas pecuarias; especies que vende el Gobierno por medio de sus agencias y que constituyen impuestos sobre el consumo. De éstos, el sub-grupo más importante es el de timbres para cerveza, que alcanzó en 1949-50 L. 1.2 millones, y en 1950-51 L. 1.3 millones, siguiéndole el papapelillo para cigarrillos con L. 814.041 y L. 840.000 en 1949-50 1950-51, respectivamente.

Servicios. El principal sub-grupo está constituído por timbres consulares, que en realidad es un impuesto a la importación, de 8% sobre el valor de las facturas consulares y produjo L. 4.6 millones en 1949-50 y L. 6.1 en 1950-51. Los demás sub-grupos son servicios prestados por el Gobierno, tales como acarreo y estiba, muellaje, bodedaje, faro y tonelaje, correo, telégrafo, cable y radio. Su producción es de menor importancia; la recaudación total de estos servicios fué L. 1.9 millones en 1949-50 y L. 2.1 millones en 1950-51.

Rentas Varias y Eventuales. El Impuesto sobre la Renta ha constituído una notable innovación en los ingresos del Estado. Los ingresos de 1949-50, de L. 3.2 millones son exclusivamente producto del impuesto pagado por la Tela RR. Co., en razón del contrato celebrado en 1949 con el Gobierno de Honduras. En 1950-51 se cobró por primera vez a las demás empresas y a los particulares y la recaudación ascendió a L. 6.9 millones ocupando entre las rentas del Estado el tercer lugar en importancia.

Este impuesto seguramente irá en ascenso en los próximos años al mejorar el control de las rentas gravables. Su producción estará determinada por muchos años, principalmente por las utilidades de las compañías fruteras y otras empresas extranjeras que operan en el país. Durante el año de 1950-51 las empresas nacionales pagaron 10.54% y los particulares 3.18% mientras que las empresas extranjeras contribuyeron 86.28% del total.

Rentas Especiales. Caminos es el sub-grupo de mayor importancia y comprende peaje, 1% ad-valorem, arrendamiento de tierras, kilometraje, contribución personal de caminos, impuesto sobre bienes inmuebles, importación de gasolina e impuestos sobre fábricas y concesiones. En 1949-50 su producción fué de L. 2.2 millones y L. 2.4 millones en 1950-51. Otra renta de la misma categoría que la anterior, es la de Justicia, pero su producto es de muy poca importancia. Hay en este grupo una serie de rentas que están formadas por impuestos sobre el consumo (renta de Mejoramiento Aduanas y Muelles, Renta Escolar y del Deporte, Renta Abastecimiento de agua y Hospitales y Aeropuertos).

Egresos del Fisco

La modernización del sistema fiscal de Honduras se ha hecho patente en cuanto a los ingresos, por la introducción del impuesto sobre la renta. En forma análoga, en los egresos vemos el esfuerzo de desarrollo reflejado sobre todo en las sumas relativamente altas que se han asignado al Departamento de Fomento, Agricultura y Trabajo.

Durante el año 1950-51, este Departamento gastó 9.4 millones de lempiras, es decir el 26.7 del egreso total del Gobierno. Ya se gastó en dicho Departamento mucho más que en cualquier otro, incluyendo el de Guerra, Marina y Aviación, que solía recibir sumas iguales o mayores.

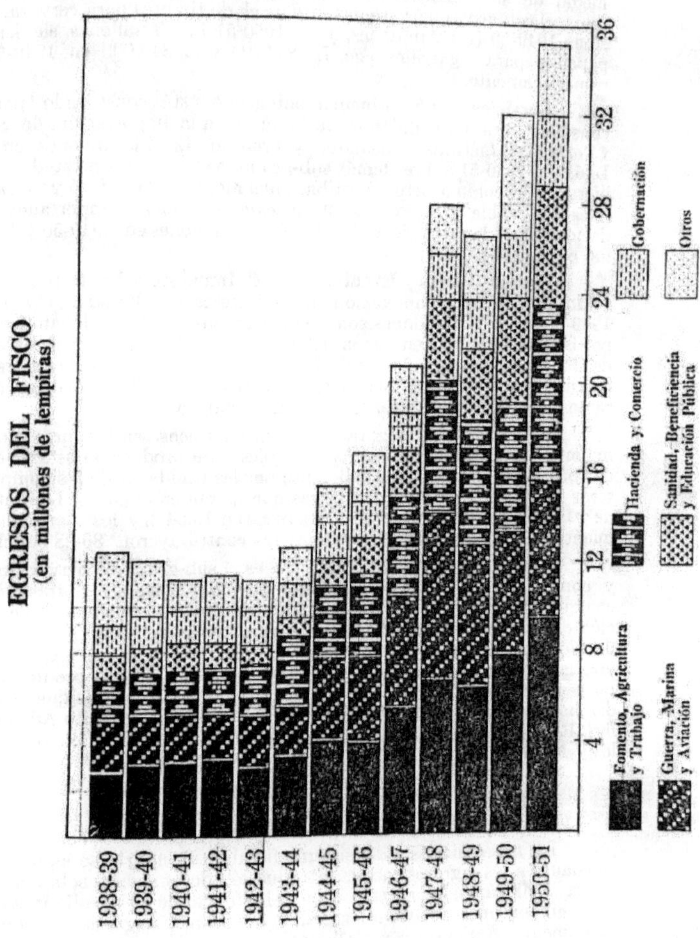

La determinación de desarrollar ecónomicamente la nación aparece con la mayor claridad en las sumas dedicadas al trazo y reparación de caminos: 3.1 millones de lempiras, o sea el 9% de los gastos totales del Gobierno en 1950-51. Demuestran el mismo espíritu las fuertes sumas destinadas a obras públicas de otra naturaleza, o sea L. 2.1 millones. El total de la formación bruta de capital del Gobierno central se ha estimado en L. 5.8 millones.

Entre las demás erogaciones del Departamento de Fomento, Agricultura y Trabajo, se encuentran los gastos de mantenimiento de varios servicios gubernamentales, tales como telégrafos, teléfonos, radios, agua, luz, Ferrocarril Nacional, la protección de la agricultura y ganadería, etc.

Otros departamentos importantes para el desarrollo del país son los de Sanidad y Beneficiencia. Ambos se ocupan directamente del estado de salud de la población y han gastado 2.5 millones de lempiras en 1950-51 suma que representa un fuerte aumento sobre los años anteriores. El renglón más importante es el de los Hospitales y Asilos bajo el Departamento de Beneficiencia con 1.4 millones de lempiras. Despues siguen las sumas destinadas a medicinas y al proyecto SCISP (Servicio Cooperativo Interamericano de Salud Pública), ambos bajo el Departamento de Sanidad.

El Departamento de Educación Pública, igualmente importante desde el punto de vista del desarrollo económico, ha visto también aumentados sus medios financieros. Entre los gastos de este Departamento, que ascienden a 2.8 millones de lempiras, la tercera parte ha sido asignada a la enseñanza primaria, y otra suma casi igual a la educación secundaria, normal, técnica y universitaria. Talvez el rasgo más interesante lo constituye la campaña de alfabetización de los adultos. Esta fué aprobada en noviembre de 1950, y está siendo llevada a cabo, no solamente por el personal del Departamento de Educación, sino también con la ayuda de instructores venidos de otros ramos de la administración o del sector privado.

No sería completa una apreciación del esfuerzo de desarrollo sin mencionar las antes citadas sumas destinadas al Banco Nacional de Fomento.

El Departamento de Hacienda aparece como el segundo por el monto gastado con 7.9 millones de lempiras. Gran parte de sus erogaciones están conectadas directamente con el manejo y abastecimiento de los monopolios gubernamentales (L. 2.8 millones). Otro gran renglón es el de la recaudación de rentas y costos de administración.

El Departamento de Guerra, Marina y Aviación, que es el tercero en importancia, dispuso de 6.2 millones de lempiras. Los gastos militares han subido, pero menos que los gastos totales del Gobierno, a través de los últimos años.

Deuda pública. La Deuda externa quedó reducida a L. 723.875 el 1º de julio de 1951.

La Deuda Interna durante el último año fiscal fué reducida en L. 611.274, siendo al 1º de julio de 1951, de L. 8.3 millones .La deuda consolidada en aquella fecha era de L. 696.622 y la deuda flotante de L. 7.6 milllones. El rubro principal de la deuda interna es "Suplementos en Efectivo", constituído por adelantos hechos por empresas extranjeras que operan en el país, siguiéndole en importancia las subvenciones adeudadas a municipalidades y distritos. Los demás rubros, tales como sueldos, pensiones, alquileres, que adeuda el Gobierno y otros, son de menor importancia.

DEUDA PUBLICA
(en millones de lempiras)

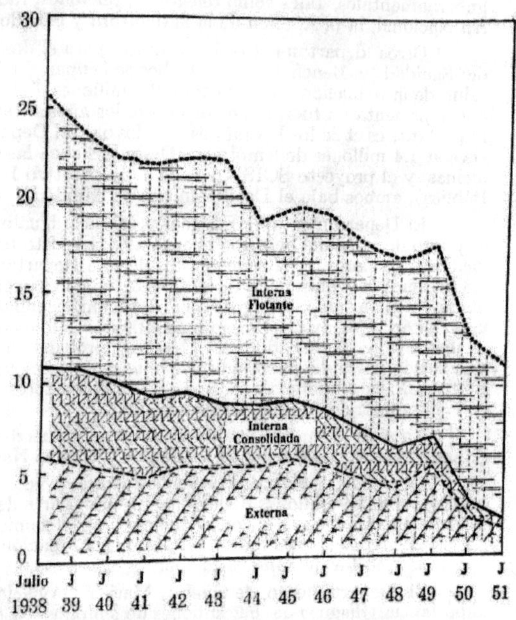

Durante el año, el Gobierno emitio bonos por la cantidad de L. 544.000 para financiar la instalación del nuevo servicio telefónico en Tegucigalpa y San Pedro Sula. El Gobierno absorbió la totalidad de esta emisión con fondos propios.

En Diciembre de 1951 el Congreso aprobó un Decreto autorizando al Poder Ejecutivo para emitir bonos por valor de 20 millones de lempiras, destinados al financiamiento del plan de modernización de carreteras. No se hizo ninguna colocación de bonos durante 1951 y se prevé que la totalidad de la emisión se realizará en varios años.

Recursos para el Banco Nacional de Fomento. El 10% sobre los derechos arancelarios que en años anteriores era destinado al Fondo de Cambios, se destina ahora al Banco Nacional de Fomento, lo mismo que el 15% del Impuesto sobre la Renta. Tales ingresos alcanzaron en 1950-51 L. 1.7 millones.

Superávit. El superávit de más de seis millones de lempiras fué destinado en parte a ampliar el presupuesto 1951-52 en la siguiente forma:

L. 400.000 para Sanidad y Beneficiencia; L. 150.000 para Relaciones Exteriores; L. 500.000 para Guerra, Marina y Aviación; L. 450.000 para Edu- ducación; L. 50.000 para Hacienda y L. 2.000.000 para Fomento.

EL SISTEMA MONETARIO DE HONDURAS HASTA 1950

I - Periodo de la Independencia - (1821 - 1879)

El tránsito del coloniaje a la independencia no marcó fundamentales cambios en el sistema monetario de los países centroamericanos. El Peso, de ocho reales, de los cuños de México, Perú, Chile y Guatemala, siguió siendo la principal unidad monetaria, o sea que el sistema de España se mantuvo. Así lo decidió la Asamblea Nacional Constituyente de las Provincias Unidas de Centro América al emitir el decreto de 19 de marzo de 1824, diciendo que "toda moneda de oro o plata que se acuñe en estos Estados será del peso y ley que le designe el Gobierno español; sin que en este punto haya la menor diferencia". El sistema no varió, pero hubo modificaciones en las características formales; más bien para dar noticia de la soberanía se hicieron cambios de inscripción en los troqueles, reteniendo el mismo peso, fino y denominaciones de todas las monedas.

La primera moneda propia del Estado fué acuñada en Honduras en 1823, bajo el imperio de Iturbide en piezas de 2 reales. Según el Ing. Zelaya, los señores Don Joaquín y Don Juan Lindo, diputados por la provincia de Honduras a la Asamblea Constituyente del Imperio, emprendieron viaje hacia México en 1822, aprovechando esta oportunidad para gestionar ante Iturbide el establecimiento de una Casa de moneda en Tegucigalpa. "Más aún propusieron que se trasladara a Tegucigalpa el cuño que funcionaba en Guatemala, fundándose en la improporción de la colocación de la Casa de Moneda en la capital de aquel Reino con respecto a la inmediación de las minas, resultando males y costos muy graves". 1/

La creciente circulación de moneda clandestina provocó el decretó Nº14 del 8 de Noviembre de 1824 que fué emitido en consideración a "los males que causa la moneda falsa" que circulaba en el Estado, "y por no tener el Tesoro Público los fondos necesarios para su total amortización". Queriendo, por otra parte, excusar la miseria que a muchos causaría la prohibición de su circulación, dicho decreto mandaba que, las monedas que resultaran de buena ley o "aproximadas a ella" serían así marcadas y se les reconocía poder liberatorio ilimitado. También disponía que "las que resulten en su conoci-

1/ Ing. M. A. Zelaya - Apuntes para la Historia Monetaria en Honduras.

miento notablemente adulteradas, se amorticen desde luego abonándoles a los propietarios la cantidad a que quede reducida en su afinación en buena ley, previo un experimento y con deducción de los costos de la operación". Esta medida no fué una simple disposición de policía para impedir la circulación de las falsificaciones, sino un intento de regular las emisiones monetarias de acuerdo con las circunstancias.

En 1825 entró en circulación una moneda de dos reales producida en Tegucigalpa, cuyas características se ajustaban a las estipulaciones de la Asamblea Constituyente. Esta fue la primera moneda que representó al árbol de la Libertad, con la leyenda "Libre, crezca, fecundo".

En este mismo año se emitió el Decreto Nº 32 proveyendo el establecimiento de una casa de moneda en Tegucigalpa, la que se sostuvo con el 5% que sobre el valor del oro y plata pagaban los que presentaban dichos metales a ensaye o amonedación.

Este cuño no empezó a trabajar hasta 1831, aunque las primeras monedas llevaban la fecha de 1830 posiblemente—como dice el Ing. Zelaya en sus apuntes—porque los troqueles fueron preparados con mucha anticipación.

A principios de 1832 el Gobierno redujo en un 50% (de 10 dineros 20 granos a 6 dineros) la ley de la moneda (llamada *provisional*) que, por ser mitad plata y mitad cobre fué popularmente llamada de "media leche". La proporción de plata fué reducida en abril del mismo año a sólo 4 dineros, y siguió disminuyendo hasta que en 1833, la moneda era toda de cobre. La primera consecuencia de tan funesta medida fué el desaparecimiento de las piezas de plata. El gobierno hizo todo lo posible por forzar la circulación de aquella moneda y acordó que los derechos aduanales fueran pagados con dos tercios de "moneda de buena ley" y el otro tercio con la Provisional, y que los comerciantes de los lugares donde no circulaba ésta hicieran la totalidad de sus pagos en "buena moneda". 1/ Fué ésta, en realidad, una época de desbarajuste económico; la moneda era rechazada por muchos y la supresión de la acuñación agravaba la escasez de circulante. Merece destacarse como acertada la medida sugerida por don Juan Lindo quien propuso "que la mala moneda se amortizara con otra de cobre, pero dándole un valor que fuera aproximado al intrínseco de este metal".

No puede menos de pensarse que la inestabilidad monetaria tenía por causa la vida turbulenta de aquellos primeros años de independencia, época en que los cuños no eran sino instrumentos de gobiernos en apuros. La situación persistió aún en la administración de Cabañas (1852-1855) quien en su mensaje a la asamblea de 1854, refiriéndose a la moneda, dijo: "Con su demérito progresivo produce una perpetua fluctuación en todos los precios y una pérdida constante a cuantos la tienen en sus manos. En el comercio, la necesidad de cambiarla retrasa los negocios, mantiene en la inacción una parte considerable de nuestro pequeño capital circulante, y es causa de una estagnación general". El General Cabañas recomendó dos medidas principales para salvar la situación: la contratación de un empréstito extranjero para amortizar la moneda provisional, y "el restablecimiento del ramo del tabaco" 2/. Según las investigaciones del Ing. Zelaya, la equivalencia de la moneda provisional con respecto a la de buena ley, en el año de 1858, era de 68 por 1.

1/ Ing. M. A. Zelaya - Apuntes para la Historia de la Moneda en Honduras.
2/ Estancamiento del tabaco por el Estado.

En 1862 se realizaron nuevas acuñaciones de cobre en piezas de una, media, cuarta y octava onza, con valores de ocho, cuatro, dos y un pesos, respectivamente. Esta también fué una moneda "provisional", que el pueblo la llamó "coquimba". 1/

En 1870 entraron en circulación monedas de níquel acuñadas en Francia como parte del empréstito para la construcción del ferrocarril interoceánico, y fueron destinadas a substituir las monedas de cobre provisionales. El peso níquel valía 64 centavos y estaba dividido en reales, medios y cuartillos. Pero, no obstante que el mismo decreto que autorizó la circulación del níquel disponía que no se emitiría más que la proveniente del empréstito suplementario, la gran cantidad que se puso en manos del público la hizo perder su valor, habiendo llegado a cotizarse a 500 por 1 en relación con la moneda de plata.

II - Reforma Monetaria

En abril de 1879 fué decretada la que puede considerarse la primera ley monetaria de Honduras.

Las bases que motivaron esta legislación aparecen en el preámbulo que dice: "Es preciso fijar la unidad y el valor de la moneda circulante, para evitar los perjuicios que de otro modo causaría la circulación de monedas faltas de peso o de ley o inferiores a las que actualmente circulan en la República", "es absolutamente indispensable la acuñación de una moneda nacional que garantice los intereses generales, facilite en el exterior las transacciones mercantiles y proporcione a los explotadores de minas un medio de sacar legítimas utilidades, acuñando las pastas de plata y oro"; "en la mayor parte de las naciones de Europa y América se ha adoptado la ley de novecientos milésimos de plata fina con un peso de veinticinco gramos para las piezas de cien centavos, por lo que, si se acuñan en la república piezas con más ley o mayor peso, los intereses generales sufrirían un quebranto directo en proporción a la diferencia de ley o peso de aquellas monedas que circulan por su valor legal".

El Peso, adoptado como unidad monetaria, fué de cien centavos, 25 gramos y 900 milésimos de fino. Se acuñaron además monedas fraccionarias de ½ y ¼ de Peso (12.50 y 6.25 gramos), ambas con ley de 900 milésimos sólo que, más tarde (Decreto 12 de 1899), la última fué reducida a 835 milésimos; monedas de 10 y 5 centavos (de 835 y 825 milésimos y peso de 2.25 y 1.25 gramos); y otras de cobre de 1 centavo y ½ centavos 2/ Las monedas de oro serían acuñadas cuando las circunstancias lo permitieran y el Ejecutivo determinaría el peso correspondiente a cada valor; pero parece que se acuñaron sólo como muestra o prueba.

1/ Por el hecho de que estas monedas eran de un color rojizo fuerte, derivaron su nombre del "coquimbo" o partido liberal (apodado rojo).

2/ Se dispuso que en cada pago sólo era obligatorio recibir hasta diez centavos en monedas de cobre y que las oficinas de Hacienda podían recibir hasta 0.50. En enero de 1880 se declaró la circulación forzosa, sin limitación, pues era poca la cantidad emitida.

Indudablemente, la nueva ley, dando cierta estabilidad al sistema monetario, facilitó considerablemente las transacciones económicas del país. Sin embargo, las medidas tomadas no eran suficientemente eficaces para lograr la nacionalización de la moneda. La necesidad de circulante se comprobó mayor que las cantidades producidas en la Casa de Moneda. Las nuevas monedas llevaban en sí mismas la fuerza económica que recibió su desplazamiento, pues, según la versión de Young, 1/ contenían, mezclada con la plata, alguna cantidad de oro que las hizo codiciadas para la exportación. El resultado fué la persistencia de los "macacos" y "Moneda cortada", y la reaparición de los Pesos o Soles extranjeros. Esta situación debe haber sido la existente aún en 1893 pues en julio de ese año, el Presidente Vásquez, en consideración a que la baja del precio de la plata había causado profunda perturbación en el medio circulante monetario de todos los países de América y para mantener, en cuanto fuera posible, "la estabilidad debida", decretó un gravamen de 25% sobre la importación de monedas extranjeras que no fueran convertibles por oro en los países de su origen.

En abril de 1894 otras razones contribuyeron a incrementar la variedad del circulante. En atención a que la moneda hondureña circulaba en Nicaragua y como manifestación de reciprocidad, el Presidente Bonilla declaró de circulación forzosa en toda la República, la moneda de Nicaragua, El mismo acuerdo disponía que el pueblo "queda en libertad para recibir o no las monedas fraccionarias peruanas, para mientras el Gobierno emite una ley general de moneda".

Subsiguientemente, en agosto de ese mismo año, se derogó la resolución que había establecido el gravamen de 25% sobre la importación de monedas extranjeras no convertibles; para ello se adujo que la disposición "no tiene razón de ser, como lo prueba el hecho de que no se ha cumplido". 2/

Pero además de ésto, en diciembre del propio año de 1894 en vista de "las dificultades que frecuentemente se presentan en el comercio del país por la falta de circulación de la moneda salvadoreña" y por el mismo espíritu de reciprocidad y centroamericanismo invocados en el caso de Nicaragua, el Presidente Bonilla declaró la circulación forzosa de la moneda salvadoreña.

La acuñación de monedas de plata terminó allá por el año de 1904, si bien las estadísticas que se han obtenido proporcionan datos hasta 1902 según los cuales, entre 1879 y aquél, la emisión de plata fué alrededor de 900.000 pesos, y la de cobre, de 1881 a 1902 por valor de 82.000 pesos. 3/

El Ing. José Esteban Lazo afirma que antes de 1888, no se hizo acuñación de oro, mientras la que el registra, años 1888-89 tuvo que ser tan reducida que casi de inmediato sirvieron sólo como piezas para coleccionistas. La Comisión Auxiliar de la primera Conferencia Centroamericana en

1/ Young, J. P. "Central American Currency and Finance" Princeton, University, 1925.

2/. Young escribe que el gravamen de 25% sobre la importación de monedas estaba dirigido contra Nicaragua, que había rebajado el valor de su moneda. La Comisión Auxiliar de la Primera Conferencia Centroamericana aseguró que la medida no se aplicó debido al estado anormal en que permaneció el país durante ese año.

3/ Todavía en 1912 y 1913, durante un corto período de actividad de la Casa Nacional de Moneda, se troquelaron monedas de 25 centavos. (Zelaya).

su informe al Gobierno de Honduras 1/ en 1908 explica ésto diciendo que dicho metal no era muy abundante entonces y que, además, rendía más utilidad su exportación. La Comisión exponía, por otra parte, que "la falta de útiles y materiales para la separación del oro de la plata ha hecho imposible hasta ahora esa labor necesaria. Por esta razón es que, en diversas épocas el gobierno ha dado en arrendamiento el Cuño a personas responsables para que hagan la acuñación por su cuenta, bajo vigilancia". A juicio de la propia Comisión las causas de la falta de circulación de la plata eran las siguientes:

a) Porque se acuñaba en poca cantidad;
b) Había sido substituída por la de inferior calidad de otros países; y
c) Porque se exportaba como mercancía.

Con respecto a la moneda de cobre agregaron que era bien aceptada pero escasa, su carencia es tal, se decía, que algunos comerciantes de la costa norte emitían bajo su garantía fichas de bronce o aluminio para reemplazarla.

En el radio centroamericano la moneda hondureña tenía amplia aceptación. En El Salvador, las piezas de 900 milésimos eran recibidas a la par, lo cual se tenía como una ventaja por la facilidad que prestaba el comercio de la zona occidental de Honduras.

En Honduras, principalmente en la costa norte, las monedas nicaragüenses de 20, 10 y 5 centavos eran rechazadas debido a que se las consideraba de más baja ley y por "creerse contraria a los principios económicos la circulación de una moneda fraccionaria acuñada por el gobierno de otra nación, con el único objeto de facilitar las pequeñas operaciones de tráfico interior".

Pero, ciertamente, en los días previos a la aparición del lempira, las monedas guatemaltecas y nicaragüenses circulaban en la mayor parte del país.

La aludida Comisión Auxiliar en 1908 formuló recomendaciones que tienen gran interés por sus proyecciones de unidad monetaria centroamericana:

1) Que se adopte, en cuanto sea posible, el talón oro, porque facilita el comercio interior y exterior y hace menos sensibles las constantes fluctuaciones en el tipo de cambio internacional;
2) En su defecto una unidad de moneda de plata fuerte común a todas las repúblicas centroamericanas, tomando como tipo la moneda mexicana;
3) Libertad para que cada Estado acuñe moneda menuda (menor de L. 0.25) que exija su tráfico interior;
4) Que se acuerde como medida fija que en el sistema monetario centroamericano no se introduzca nunca la moneda de papel;
5) Que sería conveniente una Convención Monetaria entre las Repúblicas centroamericanas y los otros estados hispanoamericanos, para fijar el valor de la moneda de plata de cada uno en relación con el oro.

El tiempo demostró que ninguna de estas recomendaciones fué adoptada.

1/ Revista de la Universidad - Febrero 1909.

Un alza en el precio del cobre provocó, en 1910, su exportación en lingotes, desapareciendo así de la circulación la moneda de esta clase, y dando origen al decreto Nº 68 de ese año, por el cual se estableció nueva ley, tolerancia, peso y diámetro de la moneda. En esta fecha se les dió a las viejas monedas de cobre de un centavo el valor de dos. 1/

En 1918 se volvieron a acuñar más monedas de cobre (400.000 piezas de dos centavos y 200.000 de uno). Esta fué la última acuñacion antes del aparecimiento del lempira.

III - Papel Moneda

No hay prueba de que haya habido emisiones de papel moneda antes de la fundación de los primeros bancos privados que se establecieron durante los dos últimos años de la década del 80. Toda la legislación hasta esa época, y en particular la ley monetaria del Gobierno de Soto sólo hace alusión a moneda metálica.

En los años de 1876, 1877, 1878, 1879, 1884, 1889 y 1891 ocurrieron emisiones de papel que no revistieron las características de dinero. Aunque se les llamó billetes y "vales", no fueron sino variantes de los que hoy conocemos con el nombre de billetes aduaneros. La emisión correspondiente al último de los años citados fué propiamente de "bonos" representativos de lotes de terrenos que el Presidente de la República negociaba en procura de recursos, ya enajenándolos o dándolos en garantía.

Los bancos a que se ha aludido arriba, fueron por orden de instalación, el Nacional Hondureño y el Centro-Americano. Ambos fueron autorizados el 6 de octubre de 1888, habiendo empezado a operar en noviembre y diciembre del mismo año, respectivamente.

A tales instituciones se les dieron facultades para emitir billetes pagaderos a la vista con principales limitaciones: 1º) El monto de la emisión no podía exceder del duplo del capital suscrito; 2º) Debían los bancos mantener siempre -en metálico- en sus arcas como encaje, por lo menos un valor igual al 40% del de los billetes en circulación; y 3º) Debían sujetarse a la inspección de la Secretaría de Hacienda, la cual podía presenciar los arqueos mensuales y disponer la práctica de los extraordinarios que creyera convenientes. En virtud de esta contraloría, el Ministerio de Hacienda suscribía con su firma los billetes. Estos gozaron de poder liberatorio ilimitado, puesto que el propio Gobierno los recibió por su valor nominal en todas las oficinas de Hacienda de la República.

Apenas un año después de su creación los dos bancos se fundieron en el actual Banco de Honduras. Este asumió las obligaciones monetarias de las instituciones originales.

Durante su corta vida, el Banco Nacional Hondureño había puesto en circulación billetes por un valor de 198.000 pesos, mientras el Banco Centro Americano había emitido, 46.200 pesos.

1/ Exposición del Delegado de Honduras, P. M. Donato Díaz Medina, en representación del Ministro de Hacienda, ante la Primera Reunión de Ministros de Hacienda de las Américas, en Guatemala en noviembre de 1939.

El Banco de Honduras, aprovechando los billetes ya impresos por las instituciones que reemplazaba, puso en circulación, entre 1890 y 1901, 307.300 pesos de billetes del Banco Centro Americano, y, entre 1904 y 1906, 10.000 pesos del Banco Nacional Hondureño.

Más tarde, en 1912, aparecieron otros dos bancos, el de Comercio y el Atlántida, a los que también se otorgó facultad de emisión. La circulación de billetes de estas instituciones estaba limitada a dos veces el capital suscrito y pagado, pero en ningún caso debía ser mayor del doble del numerario en caja, y los billetes eran pagables en monedas de oro de curso legal o de plata de igual condición.

En 1914, el Banco Atlántida obtuvo una enmienda a su concesión, en la que al mismo tiempo que se disminuía en un 15% el límite de la emisión, se le permitía pagar en plata de 900 milésimos los billetes oro. En 1917 el Banco Atlántida incorporó el Banco de Comercio, y desde entonces hasta 1950 sólo sus billetes y los del Banco de Honduras circularon.

IV - Patron Oro

El patrón plata fué el que predominó durante todo el tiempo comprendido entre 1879 y 1919, cuando el precio de la plata, que venía en ascenso desde 1916, llegó a su punto más alto y causó la fuga de la moneda de este metal.

BANCO ATLANTIDA - EFECTIVO EN MANO, 1918-20
(en millares de pesos)

	Moneda Nacional Plata	Moneda de los EE. UU.
Junio **1918**	1.079.9	267.5
Dic. **1918**	887.3	479.3
Junio **1919**	762.9	668.1
Dic. **1919**	58.1	863.8
Junio **1920**	71.8	1.052.6
Dic. **1920**	69.7	1.100.8

Fué entonces cuando el Ejecutivo emitió el Decreto Nº 59 de 1918, ratificado por el Congreso con el Nº 14 en enero de 1919, y en el cual se dijo: "que la exportación clandestina de plata acuñada a creado dificultades en las operaciones de cambio y que por haber entrado a la circulación la moneda americana, que se recibe en las oficinas fiscales a razón de un 200%, es conveniente sostenerla en esa relación"; y por tanto fueron decretados de curso legal la moneda y los billetes de banco americanos, computándose en el cambio a razón de 2 pesos por 1 dólar. 1/ Este paso constituyó una revaluación, dado que el tipo de conversión entre el peso hondureño y el dólar norteamericano había sido 2.5 por 1.

La escasez de circulante venció los escrúpulos que el público tenía hacia el dólar 2/ y éste fué entonces la moneda que más circuló.

Con la baja violenta del precio de la plata (1920) aparecieron de nuevo los pesos y soles que no habían sido exportados o desmonetizados. El efecto fué de tal magnitud que dichas monedas estuvieron sujetas a un descuento que llegó hasta el 20%. Esta situación persistió hasta que el gobierno dispuso que se recibieran en las aduanas a la par, al principio sin límite, y después, - cuando había afluído en considerables cantidades - , sólo en pago de la mitad de los impuestos aduanales.

Según el Dr. Vinelli 3/, durante la década de 1920 la moneda américana predominó en el medio circulante, constituyendo las monedas de plata de curso legal menos de la tercera parte de los medios de pago.

V - El Lempira (1926-1950)

La creación del lempira significó la definitiva adopción del patrón oro. En dos leyes se concretó el establecimiento de la nueva unidad monetaria: los decretos Nº 102 de 3 de abril de 1926 y Nº 114 de marzo de 1931, pues la acuñación no se llevó a cabo sino durante el último de esos años. Dichas leyes conservan sustancialmente el sistema decimal de la Ley Monetaria emitida por Soto en 1879. El lempira (dividido en 100 partes llamadas centavos) se definió igual al medio dólar de los Estados Unidos de América, o sea entonces, un valor representado por ochocientos treinta y seis miligramos de oro de 900 milésimos de fino.

Las monedas de oro serían:

a) Una moneda de veinte lempiras que pesaría 16.71812 gramos con 900 milésimos de fino y contendría 15.046308 gramos de oro puro.

b) Una moneda de diez lempiras que pesaría 8.35906 gramos con 900 milésimos de fino y contendría 7.523154 gramos de oro puro.

Las monedas de plata:

a) Una moneda de cien centavos que pesaría 12.50 gramos y contendría 900 milésimos de fino.

b) Una moneda de cincuenta centavos que pesaría 6.25 gramos y contendría 900 milésimos de fino.

c) Una moneda de veinte centavos que pesaría 2.50 gramos y contendría 900 milésimos de fino.

Las menores:

a) Una moneda de cinco centavos (aleación de níquel y cobre).

b) Una moneda de dos centavos (aleación de cobre, estaño y zinc).

1/ La Gaceta, Nº 5031, 19 de Febrero de 1919.

2/ Hubo momentos en que el dólar circuló con descuento en relación con el peso de plata. Paul Vinelli: The Currency and Exchange System of Honduras. (IMF Staff Papers).

3/ Ob. Cit.

Posteriormente, en 1932 y 1935, se decretó la acuñación de monedas de diez centavos y de un centavo.

Los mismos decretos otorgaban poder liberatorio ilimitado a aquellas monedas que con las de oro de EE.UU. de América (en la proporción de dos lempiras por un dólar) serían las únicas de curso legal en el país.

El nuevo sistema monetario estaría respaldado por un Fondo de Cambio que a su vez sería formado por las utilidades que se obtuviesen en las operaciones de la conversión del viejo al nuevo sistema; y por el 10% sobre el valor de los derechos de cada póliza de internación, durante todo el tiempo necesario para respaldar hasta el 100% el valor de la nueva moneda. Con este Fondo, pues, se aseguraba la convertibilidad internacional del lempira, puesto que por no haberse acuñado nunca las monedas de oro hondureñas la convertibilidad interna quedaba descartada.

El objeto y resultado del nuevo sistema fué desmonetizar todas las monedas de plata, cobre y níquel que estaban en circulación en la República, excepto las monedas de cobre de cuño hondureño. Los billetes de los Estados Unidos de América siguieron en circulación, por lo inadecuado de los esfuerzos de las autoridades monetarias de proveer suficientes especies monetarias nacionales para su conversión.

Otro precepto de las nuevas leyes monetarias fué el de exigir a los Bancos establecidos en el país que respaldaran con moneda metálica hondureña o barras de oro sus emisiones billetarias.

Originalmente se previó la acuñación de un millón y medio de lempiras, pero la rectificación de los datos sobre las cantidades de moneda vieja en circulación justificó la ampliación que, hasta L. 3.000.000, se hizo en 1932. Las acuñaciones de 1934 y 1935 reflejaron las ofertas de divisas que hacían las compañías fruteras y mineras, que los Bancos operantes no podían aceptar por falta de autoridad legislativa para aumentar sus emisiones billetarias. Pero parte de la emisión de 1934 fué destinada a abonar L.324.355 a la cuenta de préstamos que los Bancos hicieron al Gobierno para Conversión Monetaria.

"En 1937, cuando ya circulaban cinco millones de lempiras, 4.5 millones más fueron acuñados y puestos en circulación. En verdad, la introducción de una cantidad tan fuerte no obedeció a las exigencias monetarias del país". 1/

De los 4½ millones de lempiras emitidos, más de tres millones se acumularon en las bóvedas de la banca privada en unos pocos meses, mientras las disponibilidades en dólares de ésta bajaron 2½ millones.

Durante la Segunda Guerra Mundial la balanza de pagos de este país se volvió nuevamente activa por razón de mayores inversiones extranjeras de particulares y del gobierno norteamericano.

Dentro de un período relativamente breve los excedentes de disponibilidades de especie monetarias nacionales fueron puestos en circulación por la banca comercial. Dada la imposibilidad de realizar en tiempo de guerra nuevas acuñaciones y considerando los límites relativamente bajos (170% del ca-

1/ Paul Vinelli Ob. Cit.

pital) impuestos a la banca privada para sus emisiones billetarias de 1943, el sistema bancario se encontró en el caso de no poder atender la oferta de divisas.

Al principio los mismos bancos solicitaron al Gobierno que se les permitiera sustituir por reservas internacionales el encaje contra emisión y contra depósitos, que de acuerdo con la ley estaba constituído con más de la mitad de la emisión monetaria del gobierno hondureño. Las autoridades oficiales no accedieron a esta petición y prefirieron hacer frente al aumento de la demanda de medios de pagos, con importaciones de moneda norteamericana, principalmente de medio dólar. Tales importaciones continuaron durante la guerra y posguerra y en 1949 habían ascendido a más de dieciséis millones de lempiras. La moneda americana desplazó en su mayor parte, del medio circulante, a la moneda nacional por el hecho de que los bancos continuaron retirando de la circulación la moneda lempira para sus necesidades de encaje contra aumentos de depósitos. Así que, al 31 de diciembre de 1949, de los 18.7 millones de lempiras en manos del público, 13.1 representaban moneda metálica de los Estados Unidos, 2.4 moneda metálica lempira y 3.2 billetes de lempira. En otras palabras, casi el 70% de la circulación estaba constituído por moneda americana.

Fué en este año, 1949, cuando el gobierno se decidió por una reforma monetaria y bancaria, por medio de la cual se ha podido lograr otra vez la nacionalización de los medios de pago.

LA REFORMA BANCARIA Y MONETARIA

La Legislatura 1948-49, caracterizada por una fecunda labor en beneficio del país, emitió con fecha 7 de febrero de 1949 el decreto Nº 51, por el cual se dispuso la creación de "una Comisión Especial del seno de la Cámara, formada por cinco miembros propietarios y tres suplentes para que estudie en cooperación con la comisión que con el mismo fin nombre el Poder Ejecutivo, y de los técnicos que al afecto contrate, los proyectos introducidos o que se introduzcan al Congreso y que éste considere coonveniente someter a su conocimiento, tendientes a emitir nuevas leyes tributarias y reformar las ya existentes sobre la materia, al establecimiento, organización y funcionamiento del Banco del Estado y a la creación de gravámenes con diferentes aplicaciones".

Con fecha 14 de marzo de 1949, el Congreso Nacional emitió el Decreto Nº 132, eligiendo miembros de la Comisión Especial referida a los siguientes Diputados.

PROPIETARIOS:

Br. J. Hector Leiva;
Abogado Juan B. Valladares R.;
P. M. Tomás Cálix Moncada;
Abogado José Máximo Gálvez;
Abogado Guillermo López Rodezno;

SUPLENTES:

Abogado Juaquín Palma Oyuela;
Abogado Salomón Jiménez Castro;
Abogado Eliseo Pérez Cadalso;

Por excusa del Diputado Leiva se llamó al Diputado Palma Oyuela.

El Poder Ejecutivo designó, por su parte, a los señores Prof. Daniel Hernández y P. M. Armando Flores Fiallos.

En esta forma quedaron integradas las Comisiones Unidas del Congreso y del Ejecutivo, las que iniciaron sus trabajos tan pronto como clausuró sus sesiones el Congreso.

Mientras tanto el Poder Ejecutivo, por conducto de la Secretaría de Hacienda, había iniciado gestiones con el Fondo Monetario Internacional para el envío de una misión que asesorara a dichas Comisiones en la labor que les había sido encomendada.

El 5 de julio de 1949 llegó a Tegucigalpa la Misión del Fondo Monetario Internacional, integrada por los Doctores Javier Márquez, Paul Vinelli y Alexander N. McLeod. Inmediatamente se puso en contacto con las Comisiones Unidas, iniciándose de una vez los trabajos para el estudio y preparación de las leyes que habían de dar vida al Banco Central de Honduras y al Banco Nacional de Fomento.

En una segunda visita del Dr. Márquez a fines de 1949, lo acompañó el Dr. Julio González del Solar, y con ellos se revisaron en difinitiva los proyectos de leyes que serían sometidos al Congreso Nacional, en su próximo período de sesiones.

Aunque la creación de la Banca Nacional representa un antiguo anhelo del pueblo hondureño, su preparación y organización se llevaron a cabo en un lapso relativamente breve.

En febrero de 1950, el Congreso Nacional dió vida a la actual legislación bancaria, aprobando nuevas leyes monetarias y bancarias, y autorizando la creación de un banco central y uno de crédito agrícola con funciones de fomento.

I - Ley del Banco Central de Honduras

La ley que rige al Banco Central de Honduras está contenida en el Decto. Nº 53 del 3 de febrero de 1950. Está inspirada en la más moderna legislación de banca central de la América Latina, pero además contiene rasgos individuales que le imprimen una mayor elasticidad en ciertos aspectos. Por ejemplo: la facultad de emisión que la ley le otorga, no tiene más restricción que la de hacerse en las cantidades estrictamente necesarias para la estabilidad monetaria.

El objeto del Banco Central de Honduras, tal como está expresado en la ley, es el de promover las condiciones monetarias, crediticias y cambiarias que sean más favorables para el desarrollo de la economía nacional.

El Banco Central debe en todo momento procurar que el volumen del crédito bancario del país guarde relación con las necesidades genuinas del mercado y que no provoque o favorezca tendencias inflacionarias o deflacionarias perjudiciales para el mantenimiento de la estabilidad económica. Para lograr tales propósitos, el Banco utiliza su propia política de crédito y los instrumentos de control cuantitativo y selectivo del crédito bancario que la ley le otorga.

El Banco es autónomo a fin de que pueda proteger los intereses gubernamentales y públicos simultáneamente. Sin embargo, el Estado tiene una fuerte influencia en su manejo, siendo el Secretario de Hacienda de la nación miembro ex-oficio del Directorio del Banco.

El capital inicial de L 500,000.00 fué aportado íntegramente por el Estado. Por no haber participación privada, la obtención de utilidades no es una de sus principales preocupaciones; antes bien, de acuerdo con los propósitos expresados en la ley, presta servicios al público, a la banca y al Gobierno al costo o gratuitamente. Al término de cada año, cualquier utilidad neta que el Banco pueda haber tenido, se destinan al aumento del capital y a la formación del Fondo de Valores.

El Directorio es presidido por el Presidente del Banco, y comprende además del Secretario de Hacienda, tres directores que representan, respectivamente, al Banco Nacional de Fomento, a los bancos privados y a las fuerzas vivas del país.

El Banco tiene el monopolio absoluto de la emisión de billetes y de moneda fraccionaria.

Los bancos que operan en el país están obligados a mantener un encaje proporcional a los depósitos en moneda nacional o en divisas que tienen a su cargo. Según la ley dicho encaje debe consistir, en todo o en parte, en depósitos a la vista en el Banco Central. El Directorio de esta institución puede fijar y variar, cuando lo estime conveniente, los distintos porcentajes de encaje mínimo para las diversas clases de depósitos y otras obligaciones. Puede, además, fijar encajes hasta del 100% sobre cualquier aumento futuro del monto de los depósitos en poder de los bancos a la fecha en que se les comunique tal medida.

La facultad conferida al Directorio del Banco Central para la determinación de los márgenes de encajes legales es uno de los rasgos que hacen de este Banco uno de los que más facultades tienen en la América Latina para la dirección de la política Monetaria.

La negociación de divisas extranjeras en Honduras queda expresamente limitada al Banco Central y a las instituciones que el Directorio habilite para negociar en cambios como agentes de aquél.

Como guardián de las reservas internacionales, el Banco Central debe facilitar el pago de obligaciones internacionales, ya sea por razones de comercio o por otros pagos. Este fin se logra eficazmente concentrando en esta institución la mayor parte de los medios de pago internacionales del país.

Los particulares pueden mantener activos en divisas, pero no pueden negociarlas en el territorio nacional sino con el Banco Central y con los bancos u otras instituciones autorizadas para este fin. La negociación de oro queda limitada al Banco Central o a sus agentes. Este banco puede requerir a cualquier persona que tuviere oro amonedado o en barras, o a las empresas mineras que lo produzcan, a venderlo al mismo Banco Central.

El Banco Central puede obligar a las instituciones bancarias a venderle la totalidad o parte de los activos en oro y divisas que tienen en su poder. Cuando les permite mantener reservas internacionales, puede fijar los montos máximos y la forma en que dichos activos han de invertirse.

Actualmente circulan en Honduras monedas de los Estados Unidos, Guatemala y El Salvador. La ley del Banco Central dispone que, dentro del más breve tiempo posible, las especies monetarias de cuño extranjero serán retiradas de la circulación.

El Banco Central ejerce la función de prestamista de última instancia al sistema bancario, pero no presta directamente al público.

La ley enumera las actividades a que debe beneficiar el redescuento del Banco Central, a saber: las operaciones relacionadas directamente con la producción o elaboración de productos agrícolas, ganaderos e industriales, y con la importación, exportación, compra, venta o transporte de materias primas, productos semi-elaborados o elaborados y mercaderías de fácil colocación y con la garantía de depósitos de mercaderías en almacenes o bodegas que sean adecuadamente protegidas contra toda clase de riesgo.

La ley permite expresamente que el Banco Central pueda extender algunas otras clases de crédito, y, en períodos de emergencia, puede acordar a los bancos adelantos transitorios con la garantía de cualesquiera otros activos que considere aceptables.

La tasa de redescuento es fijada por el Banco Central, y si éste considera conveniente variarla, como medida de política monetaria, lo puede hacer por resolución del Directorio. Este, sin embargo, dispone de instrumentos más eficaces para influir sobre la tasa de interés. En efecto, puede fijar los tipos máximos de interés y comisiones que los bancos paguen o cobren por sus operaciones de crédito pasivas y activas.

A fin de controlar el volumen general de los préstamos e inversiones de los bancos y promover su adecuada distribución, el Banco Central fija, como antes se ha mencionado, la proporción entre los depósitos de los bancos privados y el encaje que deben mantener para respaldarlos. Queda autorizado expresamente para rechazar solicitudes de crédito de parte de los bancos particulares o del gobierno si estima que el crédito en general o la clase de crédito solicitado es abundante. Además, para restringir el medio circulante puede emitir certificados de absorción y comprarlos, cuando considere conveniente expandirlo.

Si estos medios no son suficientes, la ley autoriza al Banco Central para dirigir el crédito del sistema bancario hacia las actividades deseadas, determinando las relaciones porcentuales que los bancos deberán guardar entre los distintos tipos de categorías de préstamos e inversiones y sus respectivos capitales y reservas de capital. Si esto es preferible, el Banco Central puede establecer porcentajes máximos de crecimiento de las distintas categorías de carteras, mantenidas por los bancos particulares, y fijar topes absolutos a cada clase de adelantos.

Las múltiples formas de racionamiento del crédito bancario constituyen una de las características más modernas de la ley del Banco Central de Honduras, al conferirle una libertad excepcional en cuanto a la selección de los medios de acción.

El Banco Central, además de ser un banco de bancos y el dirigente superior del crédito bancario, es el banquero del Estado. Puede otorgar créditos al gobierno con el fin de nivelar los ingresos y egresos fiscales comprando letras de tesorería, que deben ser redimidas dentro del mismo año fical. Tales operaciones se realizan dentro del mismo año. Esta clase de crédito al gobierno es limitada al quince por ciento del promedio de los ingresos gubernamentales habidos durante los últimos tres años.

El Banco Central actúa como agente fiscal del Gobierno. Esto significa que maneja los depósitos de todas las dependencias gubernamentales. Como agente fiscal, el Banco Central se encargará de la obtención de créditos en el país o en el extranjero. Por intermedio del Fondo de Valores, puede adquirir bonos gubernamentales y comprarlos o venderlos en el mercado abierto. Puede encargarse de la emisión, colocación y administración de bonos de la deuda interna.

En relación con el Gobierno, una de las funciones más importantes del Banco Central es la de actuar como consejero económico. Debe ayudar a la implantación de cualquier régimen de control económico, cooperar en la preparación del presupuesto general de gastos y la balanza de pagos del país. Cuando se lo solicitan, el Banco Central prepara estudios sobre problemas económicos y financieros. Para desempeñar esta funcion de consejero del Estado, y determinar su propia política general, el Banco Central dispone de un Departamento de Estudios Económicos, encargado de recoger estadísticas e información económica de toda clase.

Una de la tareas más interesantes y originales del Banco Central es la de crear, proteger, vigilar y controlar un mercado de valores. Para lograrlo la ley dispone que el Banco cree un Fondo de Valores, por el cual deberá mantener la liquidez y estabilidad del mercado de capitales. Este Fondo se crea y aumenta principalmente con los aportes del Gobierno y las utilidades y créditos del propio Banco. Mediante el Fondo de Valores, puede comprar y vender al público valores oficiales de renta fija emitidos o garantizados por el Estado. Estas operaciones se harán directamente o por intermedio de agentes, con el fin expreso de asegurar en todo momento un mercado líquido para los tenedores de dichos títulos, a precios que proporcionen suficiente protección a los inversionistas.

Además, el Fondo de Valores puede adquirir títulos hipotecarios representativos de la actividad productiva nacional, emitidos y garantizados por instituciones bancarias del país, pero sólo hasta por un importe máximo del 40% de la cartera de préstamos hipotecarios de las instituciones emisoras. Más generalmente, el Fondo debe estimular la creación de ahorros en el público mediante la formación de un amplio mercado de valores líquidos, con comisiones uniformes y moderadas dando publicidad a las cotizaciones.

Entre las más importantes funciones del Banco Central de Honduras, están las de ejercer la vigilancia de la banca privada; y la representación del Gobierno, o cooperación con él, en organizaciones y conferencias internacionales.

II - Ley Monetaria y Ley para Establecimientos Bancarios

La Ley Monetaria y la Ley para Establecimientos Bancarios fueron también emitidas durante las sesiones legislativas de 1950 en sustitución de las de 1926 y 1937 respectivamente, acomodando sus disposiciones a las necesidades de un sistema bancario más acorde con los anhelos de superación nacional.

La Ley Monetaria instituye a favor del Banco Central el monopolio de la emisión, tanto de billetes como de moneda metálica y contiene una serie de disposiciones de carácter reglamentario.

De la ley para Establecimientos Bancarios pueden destacarse como reformas de importancia, las siguientes:

a) El capital inicial de los Establecimientos bancarios no podrá ser inferior a L.100.000. La ley anterior requería un capital mínimo de L. 1.000.000.00.

b) Quedan comprendidas bajo la denominación de "Bancos" las instituciones de ahorro y de capitalización.

c) La inspección y vigilancia de las instituciones bancarias se asignan a la Superintendencia de Bancos, la que funcionará como uno de los Departamentos del Banco Central.

d) Los Bancos están obligados a ajustar el plazo de sus préstamos al destino de los mismos, sin que pueda exceder de cinco años. Por la ley anterior el plazo era de seis meses.

e) La ley contiene disposiciones que dan cabida a bancos de capitalización, de ahorro y préstamo, de crédito inmobiliario y demás establecimientos hipotecarios, exclusivamente destinados a la financiación de la agricultura y la industria.

f) El Banco Central de Honduras, de conformidad con el Art. 45, estudiará las reformas que deben introducirse a la ley a fin de que cubra las operaciones de los bancos hipotecarios, de ahorro y préstamo y de capitalización, y que contenga todas las disposiciones legales relativas a las instituciones bancarias y sus operaciones.

El proyecto de ley respectivo ya ha sido presentado al Congreso por el Poder Ejecutivo el 5 de diciembre de 1951.

Además de las leyes antes citadas, la Reforma Bancaria y Monetaria abarca la Ley del Banco Nacional de Fomento, y la Ley de Organización de la Banca Nacional. Respecto al Banco Nacional de Fomento, remitimos al lector a las publicaciones de aquella institución.

III - La Comisión Organizadora

La Ley de Organización de la Banca Nacional, estipulaba que el Banco Central y el Banco Nacional de Fomento deberían quedar establecidos, a más tardar, el 31 de mayo de 1950, e iniciar sus operaciones el 1º de julio del mismo año. No obstante que entre su promulgación y el principio de las operaciones según la ley, quedaban sólo cuatro meses y medio, se logró la apertura de los bancos en la fecha establecida, gracias a los esfuerzos casi sobrehumanos de la Comisión Organizadora.

La Comisión Organizadora de la Banca Nacional establecida en virtud de la ley antes mencionada, celebró su primera sesión el veinte de marzo 1950. Fué presidida por el Dr. Marco A. Batres, en su condición de Secretario de Estado en el Despacho de Hacienda, Crédito Público y Comercio y compuesta además, por los miembros siguientes: Por el Congreso Nacional, los diputados P.M. Tomás Cálix Moncada y Lic. Guillermo López Rodezno; por el Poder Ejecutivo, Lic. Roberto Ramírez y Don Adolfo V. Midence, Además, el Dr. Paul Vinelli del Fondo Monetario Internacional, asistió en calidad de Asesor Técnico desde el principio.

La Comisión llenó tareas múltiples y diversas. Una de las más urgentes y que requería mucho tiempo era la de buscar locales apropiados para los futuros bancos. Con este fin, la ley establecía que la Comisión debía gestionar ante el Poder Ejecutivo la cesión mediante contrato, del uso por tiempo indefinido de locales o edificios para la sede de los dos bancos y efectuar los gastos necesarios para el alquiler, compra, acondicionamiento o reconstrucción de edificios apropiados para ellos, así como para la provisión del mobiliario, papelería y equipo de trabajo de los mismos.

Otra tarea de urgencia era la de organizar la emisión de billetes y monedas. Según la ley, la Comisión debía determinar con este fin, las modalidades bajo las cuales los bancos particulares traspasarían al Banco Central su privilegio de emisión y el monto de garantía en monedas lempiras que tenían para respaldarlo; asimismo debía establecer normas para la transferencia del derecho de acuñación de monedas, que antes ejercía el Estado directamente. A la vez debía contratar la impresión de sus propios billetes y la acuñación de moneda fraccionaria.

Otra función de capital importancia era la de preparar los proyectos de reglamento para el nombramiento e integración del Directorio del Banco Central de Honduras y de la Junta Directiva del Banco Nacional de Fomento.

La ley enumeraba otras muchas tareas, entre las cuales se puede mencionar la contratación de técnicos y consejeros nacionales o extranjeros; verificar el traspaso al Banco Central de todos los antecedentes y archivos de la Comisión de Control de Cambios y la Sección de Vigilancia Bancaria de la Secretaría de Hacienda; recibir el capital aportado por el Estado, y contratar el personal subalterno que se juzgara conveniente.

En su trabajo, la Comisión contó muchas veces no sólo con la labor de los técnicos contratados por ella sino que también con la cooperación de otras muchas personas y entidades.

Para la Organización del Banco Central fué particularmente valiosa la ayuda prestada por el Dr. Max. Jiménez Pinto y Lic. Ramiro Aragón Castañeda, Gerente y Auditor Interno del Banco de Guatemala, respectivamente, y del Lic. Joaquín Prieto Barrios, Superintendente de Bancos de esa misma República.

En la primera reunión de la Comisión Organizadora fué aprobado el reglamento interno de la misma y el presupuesto preliminar de costos de organización, que alcanzaba a cien mil lempiras. Se informó además en esta sesión que el Poder Ejecutivo había ofrecido ya un edificio para la instalación y funcionamiento de los bancos, o uno de ellos.

Las siguientes sesiones fueron dedicadas en gran parte a la provisión de los billetes que emitiría el Banco Central. Para este efecto, la Comisión se dirigió a las cuatro principales casas de impresión de billetes de banco conocidas en el mundo. La comisión se propuso poner en circulación los primeros billetes desde el primer día de operaciones. Dentro del poco tiempo de que se disponía, no era posible elaborar planchas nuevas. Para resolver este problema, el Banco de Honduras y el Banco Atlántida ofrecieron al Banco Central la utilización gratuita de sus planchas para imprimir billetes, las cuales estaban en manos de compañías norteamericanas. Esta oferta es una de las múltiples ocasiones en que los bancos particulares demostraron su alto espíritu de cooperación con la Comisión Organizadora.

Entre las planchas ofrecidas, la Comisión Organizadora acordó utilizar las de cinco lempiras del Banco de Honduras, que llevan el retrato del General Morazán en el anverso. Después de haber efectuado las necesarias modificaciones, la Comisión ordenó la impresión de la primera cantidad de un millón de piezas de cinco lempiras para entrega antes del 1º de julio. Estos billetes fueron emitidos por el Banco al iniciar sus operaciones.

Para designar los motivos de las otras denominaciones, la Comisión Organizadora abrió un concurso entre artistas hondureños. Entre los trabajos presentados por 19 competidores, se eligieron los del Ing. Arturo López Rodezno, representando un motivo maya y uno agrícola, que figuran en los billetes de uno y diez lempiras. Para la denominación de cien lempiras se utilizó una fotografía tomada por el artista Raúl Estrada Discua, mostrando la Casa Presidencial por la parte del río, y para la de veinte lempiras, un motivo ganadero, preparado por la Waterlow & Sons, Ltd.

Como los billetes de cinco lempiras llevan la efigie del General Morazán, se escogieron para las otras denominaciones las de Lempira, Cabañas, Herrera y Valle.

La Comisión Organizadora elaboró, de acuerdo con la ley, un arreglo con la banca privada, relativo al traspaso del derecho de emisión al Banco Central.

En una de sus primeras sesiones, la Comisión Organizadora designó a cuatro futuros jefes de departamentos para que fueran a recibir enseñanza práctica en el Banco de Guatemala.

Con fecha 1º de mayo el Poder Ejecutivo hizo los nombramientos de Presidente y Vice-Presidente del Banco Central. Para integrar el Directorio, la banca privada y las fuerzas vivas del país eligieron un representante propietario y un suplente cada una.

El primer Directorio del Banco Central tomó posesión el 31 de mayo de 1950, así:

Presidente
ROBERTO RAMIREZ

Vice-Presidente
TOMAS CALIX MONCADA

Por el Gobierno
Ministro de Hacienda
MARCO A. BATRES

Banca Privada

Propietario
MANUEL A. ZELAYA

Suplente
IGNACIO AGURCIA

Fuerzas Vivas

Propietario
RAFAEL DAVILA

Suplente
EUGENIO MOLINA h.

Banco Nacional de Fomento
Propietario
GUILLERMO LOPEZ RODEZNO

Una de las últimas labores de la Comisión Organizadora fué el arreglo del traspaso, al Banco Central, del capital aportado por el Estado, que consistió en L. 500.00 y de los saldos en divisas en posesión de la Comisión de Control de Cambios.

El Banco Central recibió estas reservas internacionales en pago parcial de la emisión de moneda del Estado, cuya obligación le fué traspasada. Las divisas en poder de la Comisión de Control de Cambios equivalían a L. 5.414.617. La emisión total de moneda metálica era de L. 9.661.700. Para cubrir la diferencia, el Gobierno emitió un bono con valor de L. 4.247.083, amortizable con la venta del metal contenido en las monedas, que tenían un valor intrínseco aproximado de L. 4.7 millones.

En sus últimas reuniones, la Comisión hizo múltiples recomendaciones respecto a la política del Directorio del Banco Central, que ya funcionaba simultáneamente con la Comisión Organizadora. Así se aseguró la unidad de los puntos de vista entre ambas juntas y la continuidad de la política trazada.

PRIMERAS OPERACIONES DEL BANCO CENTRAL

El Banco Central de Honduras principió sus operaciones en el momento de una crisis mundial: el principio de la guerra en Corea. Esta fué seguida por un alza de precios de muchas materias primas y una especulación que hubiera podido poner en peligro al nuevo banco. Afortunadamente, la política seguida por los bancos privados redujo la especulación en Honduras al mínimo, en tal forma que el Banco Central pudo continuar sus labores sin mayores tropiezos.

Al mismo tiempo, ocurrieron en Honduras otros acontecimientos de importancia trascendental: la Ley del Impuesto sobre la Renta, la Reforma Bancaria, las leyes que fomentan la construcción de carreteras, todos síntomas del mismo espíritu y del mismo anhelo, orientados hacia el desarrollo económico del país. Este ambiente se manifestó en una amplia cooperación con los directores del Banco Central por parte de las autoridades públicas, bancos privados y otras entidades.

Finalmente, el período en que el Banco Central principió sus operaciones estaba caracterizado por la expansión del comercio del café. Tanto la cantidad exportada como el precio eran mucho mayores que durante los años precedentes. Por momentos, el comercio del café tuvo el carácter de una especulación febril, que absorbió gran parte del tiempo de los negociantes con detrimento de sus otras actividades. El gran valor del café exportado fué seguramente uno de los factores que permitieron al Banco Central acumular reservas internacionales durante sus primeros meses de operación.

El pueblo de Honduras carecía de medios de pago adecuados para sus operaciones de compra y venta diarias. El Gobierno necesitaba una fuente de crédito poderosa para financiar el desarrollo económico. A los bancos privados les faltaba una fuente de crédito y un organismo con el cual coordinar su política en interés de la nación.

En la solución de estos problemas, todos de importancia capital para el desarrollo, se hicieron grandes progresos durante los primeros meses de funcionamiento del banco.

Como estaba previsto en la ley, El Banco Central fué constituído el 31 de mayo de 1950. En esta fecha celebró la primera sesión su Directorio.

Al principio, sus resoluciones más importantes persiguieron dos propósitos principales: dictar las normas que de acuerdo con su ley podía y debía emitir con respecto a los bancos privados y asegurar, en la medida de lo posible, que las monedas extranjeras fuesen retiradas de la circulación y reemplazadas por lempiras.

El Directorio decidió mantener las antiguas proporciones legales entre los depósitos en moneda nacional de los bancos particulares y el encaje destinado a respaldarlas. Consiguientemente, el encaje legal contra depósitos a la vista en moneda lempira quedó en veinticinco por ciento y el encaje relativo a los depósitos de ahorro y a plazo se mantuvo en quince por ciento. Los depósitos en moneda extranjera fueron autorizados por primera vez, sujetándolos a un encaje de 100%. Se resolvió que los encajes se traspasarían paulatinamente al Banco Central, en tal forma que el último abono se depositaría el 15 de marzo de 1951

Con base igualmente en la Ley del Banco Central, el Directorio estableció las normas según las cuales funcionaría la Cámara de Compensación.

Esta, operada bajo la supervisión del jefe de contabilidad del Banco. es el lugar donde se efectúan diariamente el traspaso y la liquidación de cheques entre las instituciones bancarias del país. Una institución de esta clase nunca había existido en Honduras, y mereció desde su principio la mejor acogida de parte de los bancos.

El Directorio acordó pedir a los respectivos Secretarios de Estado las órdenes del caso a fin de que fueran pasados al Banco Central los depósitos oficiales de los Departamentos de Hacienda, Gobernación, Fomento, Educación Pública y de la Tesorería Especial de Justicia. Además, el Directorio se dirigió a los señores Secretarios de Estado pidiéndoles que preparasen la transferencia ulterior de los fondos de otras dependencias oficiales.

Uno de los problemas de mayor importancia que enfrentó el Directorio del Banco Central en sus primeras sesiónes fué el de fijar un tipo de cambio uniforme para toda la República. Hasta entonces, la Comisión de Control de Cambios había aplicado dos tipos de venta respecto al dólar norteamericano: L 2.04 en Tegucigalpa y L 2.025 en la Costa Norte. El tipo de compra era igual a la paridad o sea L 2.00.

Anteriormente, la diferencia entre el tipo de venta en Tegucigalpa y la Costa Norte se explicaba por el costo de transporte entre estos lugares. El numerario nacional tendía acumularse en el interior del país, pero la mayor oferta de divisas ocurría en la Costa Norte.

Con el fin de unificar los tipos de cambio en toda la república, de acuerdo con los tratados internacionales, el Directorio resolvió mantener el tipo de compra del dólar norteamericano a la par y fijar el cambio de L 2.02 para la venta de dólares al púbico, en todos los bancos autorizados para operar con divisas, y en cualquier parte del país.

El control de cambios que antes existía solo nominalmente, se abolió a partir del primero de julio de 1950. Las operaciones de compra y venta de divisas quedaron sujetas sólo a declaraciones de índole estadística que sirven a la estimación de la balanza de pagos del país.

El Directorio autorizó al Banco de Honduras, al Banco Atlántida, al Banco Nacional de Fomento y al Ahorro Hondureño para comprar y vender divisas extranjeras como agentes del Banco Central. Las transacciones cambiarias de la banca privada fueron limitadas a los dólares norteamericanos, libras esterlinas metropolitanas, colones Salvadoreños y quetzales.

Al mismo tiempo, se autorizó a los bancos e instituciones a que se refiere el párrafo anterior para recibir depósitos bancarios en dólares norteamericanos.

Las nuevas regulaciones relativas al tipo de cambio significaron que los bancos privados cobrarían un porcentaje menor por sus operaciones de compra y venta de divisas. Anteriormente, después de haber entregado el impuesto del medio por ciento al gobierno, tomaban como utilidad el 1.5% o 0.75%, según el lugar de la operación. Ahora, después de haber entregado las cuatro décimas partes que corresponden al Banco Central, sólo guardan el 0.60% para sí.

Antes de haber adoptado las nuevas resoluciones cambiarias, los altos tipos de cambio habían dado lugar a un importante mercado de divisas fuera de los bancos, con comisiones menores que las oficiales. A partir de la introducción del nuevo sistema, la mayor parte de este comercio se encaminó hacia los bancos, con el resultado de que sus operaciones en divisas aumentaron considerablemente.

Para traspasar al Banco Central el derecho de emisión de billetes, que anteriormente habían ejercido el Banco Atlántida y el Banco de Honduras, estas instituciones aceptaron el siguiente arreglo:

Los bancos comerciales renunciaron a su derecho de emisión y el Banco Central de Honduras hizo suya la obligación de pagar a la par y *en moneda de curso legal los billetes en circulación cuando estos se presentaran a sus ventanillas. En cambio, los bancos comerciales entregarán al Banco Central una suma en* monedas lempiras igual al cincuenta por ciento del valor de sus billetes, lo que era el respaldo legal que según la ley anterior debían mantener en sus cajas. Los bancos comerciales se comprometieron a pagar el cincuenta por ciento restante en seis abonos semestrales iguales, empezando el 1º de enero de 1951.

Todos los billetes emitidos por los bancos comerciales serían retirados oportunamente de la circulación por el Banco Central y desmonetizados. El Banco Central se obligó a proteger a los bancos comerciales contra cualquier perjuicio que estos pudieran sufrir por razón de reclamos que les hicieran los tenedores de sus billetes.

Para compensar a los bancos emisores la extinción del privilegio de emisión, el Banco Central se obligó a proporcionarles facilidades crediticias, de acuerdo con su ley, hasta por el 50% de la emisión. Estos créditos devengarían un interés de 3/8% anual, obligación que vencerá el 9 de abril de 1962.

Después de la introducción de la nueva legislación y a pesar del traspaso de los depósitos oficiales al Banco Central, los bancos comerciales se encontraron en una situación de liquidez mucho mejor que antes. Según la ley bancaria de 1937, sólo podían tener moneda lempira como respaldo contra sus depósitos y emisión de billetes. Esta moneda era escasa y los bancos no podían aumentar mucho sus existencias en lempiras de plata, aun teniendo dólares u otras divisas para vender.

Según el nuevo sistema, cada vez que un banco comercial quiere aumentar sus reservas en lempiras, puede hacerlo vendiendo divisas al Banco Central. Este está obligado a atender su demanda de lempiras en tal caso. Siendo que las existencias en divisas de los bancos comerciales eran muy fuertes, esta facultad de venta de divisas al Banco Central multiplicaba sus disponibilidades. Los bancos no han aumentado su crédito considerablemente con base en esta alta liquidez, sino que han cooperado con el Banco Central para evitar una expansión excesiva del crédito.

En cuanto a los tipos máximos de interés, el Directorio fijó un tope general igual al 8% para préstamos y descuentos. Respecto a los créditos en cuenta corriente, se permitió a los bancos agregar 1% de comisión, y para los créditos con fines hipotecarios, se admitió 1% de recargo para gastos de tramitación, inspección y vigilancia, sobre el saldo deudor del crédito.

Para los préstamos de avío a corto plazo, hasta de seis meses, se fijó una tasa máxima del 4%; para los de seis a nueve meses 5%; y para los de nueve a diez y ocho meses 6%. Para préstamos refaccionarios, igualmente 6%.

Para los créditos llamados rurales o indirectos, es decir, los de dos mil lempiras o menos, otorgados en el campo y no en la sede de las casas matrices o sucursales de los bancos, éstos podían cobrar intereses hasta los topes siguientes:

1) Para los préstamos de avío

1) Hasta por 6 meses, 4% más 2% de comisión

" " 9 " 5% " 2% " "

" " 18 " 6% " 2% " "

2) Para préstamos refaccionarios

6% más 2% de comisión

3) Para préstamos hipotecarios, sin limitación de monto

8% más 1% de comisión

Tanto las tasas de interés aplicables al crédito rural como al crédito directo son adjudicadas por el destino del crédito y no por su garantía.

La tasa máxima general, tanto como los topes especiales, son cobrables al público sobre los saldos deudores exclusivamente. Queda prohibido cobrar el interés por adelantado deduciéndolo del monto del préstamo.

Según la ley del Banco Central, el Directorio debía fijar una tasa general de redescuento, y tasas especiales aplicables a aquellos tipos de documentos que provenían de operaciones que el Banco desee que el sistema bancario estimule.

Al fijar los tipos de redescuento, el Directorio tomó en consideración que las tasas respectivas constituyen un importante incentivo para que los bancos expandan sus operaciones de corto plazo en aquellas líneas de crédito que el Banco Central considere beneficiosas para la comunidad.

En consecuencia, el Directorio resolvió que el Banco Central cobraría descuentos más bajos que los tipos de interés máximos que podían cobrar los bancos particulares. Para la tasa general de redescuento se fijó un tipo máximo del 6%, para los préstamos refaccionarios con plazo menor de 12 meses, 4% y para los de avío uno, dos y tres por ciento, para los adelantos de menos de seis, nueve y doce meses respectivamente. Los créditos cuyo plazo es superior a 12 meses no son aceptables al redescuento.

Con respecto a los préstamos comerciales con plazo de nueve meses o menos, y provenientes de la exportación de productos nacionales, o importación de bienes de producción destinados a fomentar la producción agrícola, ganadera o industrial, se decidió cobrar el 5% para el redescuento.

Los tipos máximos de interés que pagarían los bancos sobre depósitos fueron limitados al 3% sobre depósitos de ahorro, y para los de plazo el dos, tres y cuatro por ciento según que el plazo sea de 6 meses, un año o dos años.

DISTRIBUCION DE LAS RESERVAS INTERNACIONALES

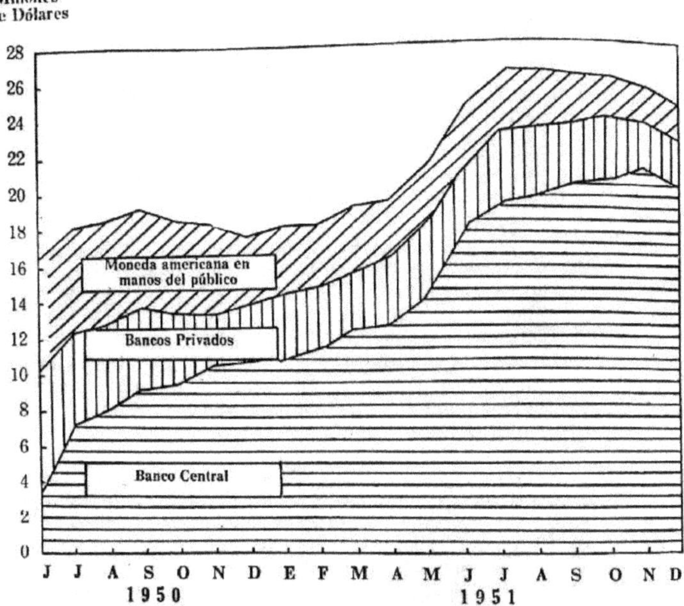

En sus relaciones con la banca privada, una de las últimas regulaciones emitidas por el Directorio del Banco Central fué la de limitar las existencias en divisas en manos de cada institución bancaria.

Hay ciertas ventajas en concentrar las divisas del país en el Banco Central. Cuando ocurre un desequilibrio de la balanza de pagos, esta concentración permite al Banco Central actuar pronto y con firmeza. Además, dado que las divisas representan un patrimonio nacional, sólo una institución oficial debe gozar de la utilidad proveniente de la inversión de estas reservas, puesto que una institución pública devuelve los beneficios al país..

Dado que Honduras dispone de reservas internacionales amplias, se decidió dejar a los bancos existencias en divisas equivalentes a la venta durante 15 días en períodos de gran movimiento. Esto se considera más que suficiente, sobre todo en vista del hecho de que el Banco Central puede situarles cablegráficamente cualquier monto que puedan necesitar con urgencia.

Para cada institución se fijó un límite inferior y superior de la reserva en divisas. Si ésta bajaba más allá del límite inferior, el Banco Central vendería divisas hasta que las disponibilidades llegaran otra vez hasta el nivel normal. Cuando la existencia subiese arriba del límite superior, el banco privado debería vender al Banco Central el exceso, por importes de una cantidad especificada.

La Ley del Banco Central de Honduras le concede el derecho de limitar el crédito emitido por los bancos particulares. Por razón de la prudencia y moderación de estos bancos, no fué preciso proceder a limitaciones de esta clase. Al contrario, el Banco Central tuvo la satisfacción de verificar el sincero espíritu de cooperación de la banca privada, en este asunto como en otros. En el segundo semestre de 1950 la tensión internacional y la guerra de Corea hacían esperar o temer un alza general de los precios y una escasez de mercaderías.

Con fines legítimos o especulativos, los hombres de negocios se esforzaron en aumentar sus existencias de mercaderías nacionales y de importación. Tal acumulación, sobre todo cuando se trata de mercaderías de producción hondureña, casi seguramente tendría efecto inflacionario y daría lugar a especulaciones ulteriores perjudiciales.

El aumento de mercaderías en los almacenes no podía tener lugar sin préstamos bancarios, y con este fin los comerciantes sometieron los bancos a fuerte presión. Para entonces la liquidez del sistema bancario era muy fuerte, y se podía temer una expansión considerable del crédito.

Al 31 de julio, el Banco Atlántida tenía L 5.9 millones en moneda nacional y depósitos en el Banco Central, y su necesidad de encaje no era mayor de L 3.9 millones. Además tenía depósitos extranjeros iguales a L 1.7 millones, e inversiones en el exterior iguales a L 1.1 millones. Su capacidad de expansión podía calcularse igual a L 3.0 millones, tomando en cuenta que parte de las reservas internacionales hubieran podido venderse contra lempiras.

Al mismo tiempo, el Banco de Honduras tenía alrededor de 2.9 millones en efectivo, a pesar de que sus necesidades de encaje eran solamente de 1.8 millones, y sus reservas internacionales, vendibles contra lempiras, comprendían 2.4 millones en depósitos y de 1.2 millones en inversiones. La reserva necesaria para asegurar las operaciones de cambio del Banco de Honduras era alrededor de 0.6 millones de lempiras. Por consiguiente, la capacidad de expansión crediticia de este banco era superior a 4 millones de lempiras. Sin embargo, sin coerción de parte del Banco Central, los bancos privados rehusaron aumentar considerablemente sus créditos y así impidieron desde el principio la especulación. Por la misma acción, probablemente, protegieron su propia seguridad, puesto que los créditos solicitados para compra de mercaderías extranjeras, hubieran tenido poca oportunidad de producir utilidades, dado que los precios internacionales no subieron en la forma esperada por los comerciantes.

PRESTAMOS DEL SISTEMA BANCARIO
(en miles de lempiras)
1 9 5 0

	Junio	Julio	Agosto	Sepbre.	Octubre	Novbre.	Dicbre.
Banco Atlántida	14.416	14.688	15.054	15.149	15.090	15.028	14.662
Banco Honduras	3.888	3.888	4.054	4.039	4.289	4.420	4.266
Ahorro Hondureño	2.633	2.640	2.641	2.652	2.643	2.657	2.677
Capit. Hondureña	803	843	910	963	1.103	1.228	1.270
Bco. Nac. de Fom.	–	–	2	104	129	252	390
	21.740	22.059	22.661	22.907	23.254	23.591	23.265

Simultáneamente con la regulación de sus relaciones con la banca privada, el Directorio del Banco Central dedicó mucho tiempo al problema de repatriar las monedas extranjeras en circulación en Honduras.

Desde el año de 1943, cuando se sintió una fuerte escasez de monedas lempira, el Gobierno de Honduras había permitido la importación y circulación de numerario norteamericano de plata, hasta por un valor superior a 16 millones de lempiras al momento en que alcanzó su máximo.

A pesar de no tener curso legal los billetes norteamericanos, estos circulaban en cantidades sustanciales dado el movimiento de turistas y marineros que visitan la Costa Norte.

En las regiones fronterizas hacia El Salvador y Guatemala, las monedas de estas naciones circulan libremente, sin curso legal.

La ley del Banco Central de Honduras y la Ley Monetaria contienen disposiciones que obligan a este banco a retirar las monedas extranjeras de la circulación. Según la Ley Monetaria, las obligaciones de pagar en dinero, de cualquier clase o naturaleza que fuere y que deben ser ejecutadas en Honduras, se liquidarán y cumplirán en lempiras.

Por otra parte, de conformidad con el artículo 71 de su ley, el Banco Central debe retirar, lo más pronto posible, las especies monetarias de cuño extranjero que se hallaren en circulación al establecerse, canjeándolas por especies nacionales e incorporándolas en sus reservas.

Esto ha representado una tarea laboriosa. En comparación con los 16 millones de lempiras o más en monedas extranjeras que circulaban en Honduras, la moneda nacional en manos del público era un poco más de 7 millones de lempiras a fines de junio de 1950 y de ésta, sólo cuatro millones eran de plata. El resto, unos 3.2 millones consistía en billetes de los bancos privados, que el Banco Central debía retirar también en su tiempo. Así, el total del numerario que el Banco Central debía reemplazar, ascendía a 19 millones de lempiras o más.

A los cuatro millones de moneda lempira en circulación conviene agregar las que los bancos comerciales tenían inmovilizadas como respaldo contra sus billetes emitidos. Estas monedas que ascendían a 1.6 millones de lempiras, se transfirieron al Banco Central en el acto de traspaso del derecho de emisión.

La acuñación total de moneda metálica hondureña ascendía en 1950 a menos de diez millones de lempiras. A esto conviene agregar dos millones de billetes de cinco lempiras del Banco Central, pedidos por la Comisión Organizadora.

Durante 1950, el Banco Central hizo las siguientes emisiones de billetes de 5 lempiras:

BILLETES DE 5 LEMPIRAS EMITIDOS EN 1950

	Nº de Piezas	Valor Lps.
1 - 29 de junio	100.000	500.000
2 - 6 de julio	100.000	500.000
3 - 2 de agosto	100.000	500.000
4 - 21 de agosto	200.000	1.000.000
5 - 19 de septiembre	100.000	500.000
6 - 16 de octubre	100.000	500.000
7 - 1º de noviembre	100.000	500.000
8 - 6 de diciembre	100.000	500.000
9 - 21 de dicienbre	100.000	500.000
	1.000.000	5.000.000

Para retirar de manos del público los medios de pago norteamericanos, el Banco Central prohibió a los bancos privados devolver a la circulación la moneda americana que llegara a sus ventanillas. El numerario norteamericano recogido por los bancos privados en la Costa Norte fué mantenido allá como encaje en custodia, a la orden del Banco Central.

Al constituirse el Banco Central recibió de la Comisión de Control de Cambios las monedas metálicas no emitidas, así:

Denominación ¢	Valor L
1 ¢	22.800.00
2 ,,	40.320.00
5 ,,	55.000.00
	118.120.00

Una vez constituído, el Banco Central ordenó la acuñación de las siguientes cantidades de moneda métalica:

Denominación	Nº de Piezas	Valor
10 ¢	1.000.000	L 100.000.00
20 ,,	1.500.000	,, 300.000.00
50 ,,	500.000	,, 250.000.00
	3.000.000	L 650.000.00

A fines de julio de 1951, los diseños de los billetes de 1, 10, 20 y 100 lempiras estaban aprobados, y el Directorio hizo su pedido a la firma Waterloo & Sons, Ltd., de Londres. Se pidieron las siguientes piezas:

Nº de Piezas	Denominación	V/. nominal en millones de lempiras
7.000.000	1	7
1.200.000	10	12
500.000	20	10
100.000	100	10
8.800.000		39

Necesariamente estos billetes eran de entrega lenta y, bajo las condiciones más favorables, los primeros no llegaron hasta junio de 1951.

Paulatinamente las monedas extranjeras se fueron acumulando en las bóvedas de los bancos. Al 8 de agosto de 1950 el Banco Central tenía L. 1.250.000 en moneda americana. Al 25 del mismo mes, el numerario norteamericano en poder del Banco ascendía a más de 2.5 millones de lempiras, y al 31 del mes, alredor de 3 millones. Al mismo tiempo, el Banco Atlántida estaba listo para exportar dólares por más de un millón de lempiras.

El 25 de agosto, el Directorio autorizó la exportación de monedas norteamericanas por un valor de 2 millones de lempiras, la mitad procedente de Tegucigalpa y el resto de la Costa Norte.

Al flete corriente, la repatriación de 16 millones de lempiras en moneda norteamericana hubiera costado casi la mitad del capital del Banco Central. Para rebajar el costo, el Directorio entró en negociaciones con varias compañías de transporte, aéreas y marítimas. Pendiente el resultado de estas negociaciones, las divisas continuaron acumulándose en las bóvedas de los bancos, que casi no podían contener más.

Durante el período de espera, el Banco Central y el Sistema Bancario, convinieron en que las monedas norteamericanas en poder de éste en sus establecimientos de la Costa Norte podían considerarse como encaje legal tenido en custodia a la orden del Banco Central. Así se evitó el transporte de monedas de la Costa Norte a Tegucigalpa, lo que hubiera sido preciso, sin el convenio, para que los bancos pudieran cumplir con sus requerimientos de encaje.

Al principio de noviembre las compañías marítimas ofrecieron al Banco Central condiciones de transporte suficientemente favorables para que empezaran las exportaciones.

Con base en esta oferta, el Banco Central emprendió la repatriación. El 5 de diciembre de 1950 se embarcaron los primeros $100.000 desde La Ceiba para Nueva York. El 7 de diciembre siguió otra cantidad igual de la Ceiba para Nueva Orleans. Antes del término de diciembre, se había embarcado un total de $600.000 de La Ceiba, San Pedro Sula y Puerto Cortés todos para Nueva York, con la excepción de la mencionada porción destinada a Nueva Orleans.

EL BANCO CENTRAL DURANTE 1951

I - Emisiones

Durante el año de 1951, el Banco Central continuó retirando de la culación las monedas extranjeras y los billetes de los antiguos emis Desde el establecimiento del Banco Central hasta diciembre de 1951 el n rario en circulación en Honduras se ha modificado como sigue.

NUMERARIO EN CIRCULACION ENTRE EL PUBLICO
(en miles de lempiras)

1950	Moneda Metálica de EE. UU.	Moneda Lempira	Billetes Lempira	T O T A
Junio	13.219	3.998	3.228	20.445
Julio	11.950	3.600	3.902	19.452
Agosto	10.715	4.448	4.431	19.594
Septiembre	10.510	4.786	5.168	20.464
Octubre	9.769	4.674	5.587	20.030
Noviembre	9.809	5.902	5.891	21.602
Diciembre	7.735	5.768	6.394	19.897
1951				
Enero	7.584	6.011	6.676	20.271
Febrero	6.973	6.121	7.796	20.890
Marzo	6.856	7.134	8.898	22.888
Abril	6.662	6.774	10.750	24.186
Mayo	6.589	6.350	11.648	24.587
Junio	6.552	6.919	11.683	25.154
Julio	6.477	6.594	12.139	25.210
Agosto	6.101	6.426	13.004	25.531
Septiembre	5.305	6.230	13.703	25.238
Octubre	4.514	6.771	14.430	25.715
Noviembre	4.092	6.668	15.032	25.792
Diciembre	3.669	6.589	15.187	25.445

Al establecerse el Banco Central las monedas de plata de los Est Unidos constituían casi el 65% de la circulación monetaria conocida. Al del año de 1951, esta proporción se había reducido a menos del 15%, mismo tiempo muchos billetes norteamericanos, colones salvadoreños y q zales habían sido retirados de la circulación.

Este resultado sólo fué posible gracias a la llegada de los billetes d 5, 10, 20 y 100 lempiras pedidos por el Banco Central.

Antes del 31 de diciembre de 1951, el Banco Central de Honduras, había hecho las siguientes emisiones:

BILLETES

Denominación	Piezas	Valor L.
1 Lps.	1.000.000	1.000.000
5 ,,	2.000.000	10.000.000
10 ,,	300.000	3.000.000
20 ,,	150.000	3.000.000
100 ,,	20.000	2.000.000
	3.470.000	19.000.000

MONEDAS

Denominación	Piezas	Valor L.
1 ¢	960.000	9.600
2 ,,	688.000	13.760
5 ,,	370.000	18.500
10 ,,	770.000	77.000
20 ,,	600.000	120.000
50 ,,	200.000	100.000
	3.588.000	338.860

De una manera general, los billetes fueron bien acogidos. Algunos sectores rurales aparentemente continuaron varios meses prefiriendo las monedas de plata pero esto era de esperarse en una población en que la circulación había sido casi exclusivamente metálica por muchos años.

Hasta el segundo semestre de 1951, el Banco Central no se había esforzado para retirar de la circulación las monedas norteamericanas de denominación menor del medio dólar por no haber recibido todavía la nueva acuñación de moneda fraccionaria. El 7 de septiembre el Directorio ordenó a los bancos del sistema no hacer pago alguno sino en moneda nacional, y recoger todas las especies monetarias extranjeras, incluyendo las monedas de 1, 5, 10 y 25 centavos de dólar. El Banco Central resolvió sustituir en las arcas de los bancos la moneda extranjera por moneda nacional en cualquier tiempo en cantidades de L. 50.000 o más.

Además, el Directorio solicitó al Señor Ministro de Hacienda la cooperación de los Administradores de Rentas y de Aduanas en el sentido de que recogieran la moneda de cuño extranjero. Dichos Administradores recibieron instrucciones de no efectuar ningún pago en moneda extranjera, y de avisar al Banco Central cuando tuvieran cantidades de 10.000 lempiras o más a fin de que esta institución se las cambiara por moneda nacional.

Las compañías fruteras cuyas planillas son las más importantes del país, empezaron en 1951 a utilizar billetes en sus pagos, cada vez en mayores proporciones.

Mientras que en junio de 1950, el numerario en circulación estaba compuesto con el 84% de moneda metálica y el 16% de billetes, al final de diciembre de 1951 los billetes lempiras representaban casi el 60% de la circulación monetaria.

NUMERARIO EN CIRCULACION EN MANOS DEL PUBLICO

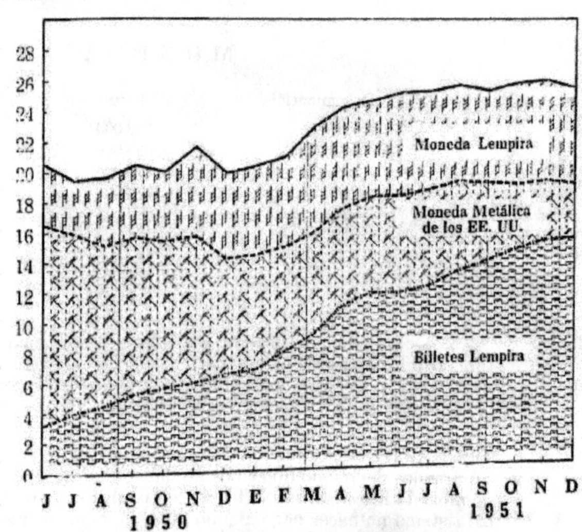

Las especies monetarias extranjeras fueron repatriadas a medida que se acumularon en cantidades suficientes. Las monedas metálicas de los Estados Unidos fueron remitidas casi en su totalidad al Federal Reserve Bank of New York, y los billetes dólares en su mayor parte a la misma institución, y otra pequeña parte al Banco de Guatemala. Los quetzales y los colones salvadoreños se enviaron a los Bancos Centrales de sus respectivos países.

REPATRIACION DE MONEDAS Y BILLETES EXTRANJEROS

Miles de Lempiras

1950	Dólares en moneda metálica	Dólares en Billetes	Quetzales	Colones Salvadoreños	TOTAL
Agosto	-	100	10	144	254
Septiembre	-	122	50	176	348
Octubre	-	-	-	-	-
Noviembre	-	30	140	88	258
Diciembre	1.200	12	18	-	1.230
Total **1950**	1.200	264	218	408	2.090
1951					
Enero	1.000	8	-	22	1.030
Febrero	800	-	-	172	972
Marzo	800	-	100	306	1.206
Abril	1.600	450	40	793	2.883
Mayo	500	498	-	-	998
Junio	200	326	-	320	846
Julio	401	300	116	272	1.089
Agosto	400	-	-	-	400
Septiembre	656	200	113	-	969
Octubre	1.200	-	-	200	1.400
Noviembre	634	-	-	-	634
Diciembre	473	-	180	-	653
Total **1951**	8.664	1.782	549	2.085	13.080
Total **50-51**	9.864	2.046	767	2.493	15.170

Al mismo tiempo, el Banco Central fué acumulando billetes de los viejos bancos emisores. Hasta el 31 de diciembre de 1951, había retirado de la circulación más de dos millones de lempiras de los 3.2 millones de aquellos billetes en circulación al 30 de junio de 1950, en la siguiente proporción:

MILES DE LEMPIRAS

Billetes del Banco Atlántida	1.134
Billetes del Banco de Honduras..................................	883
	2.017

II - Expansión Monetaria

Por causa de una balanza de pagos sumamente activa durante 1950 y 1951, aumentó en más del 25%.

MEDIO CIRCULANTE

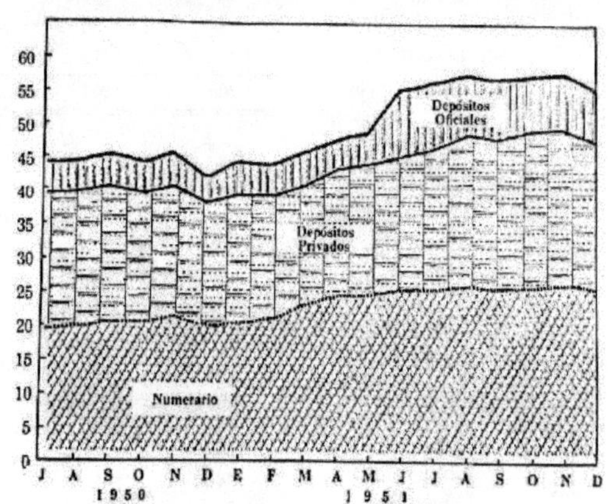

MEDIO CIRCULANTE
(en miles de lempiras)

1950	Numerario	Depósitos sujetos a retiro por cheque		
		Privados	Oficiales	Total
Julio	19.452	20.168	4.474	44.094
Agosto	19.594	20.344	4.300	44.238
Septiembre	20.464	20.320	4.449	45.233
Octubre	20.030	19.958	4.038	44.026
Noviembre	21.602	19.392	4.532	45.526
Diciembre	19.897	18.649	3.776	42.322

1951	Numerario	Depósitos sujetos a retiro por cheque		
		Privados	Oficiales	Total
Enero	20.271	19.238	4.623	44.132
Febrero	20.890	18.590	4.489	43.969
Marzo	22.888	18.119	4.311	45.318
Abril	24.186	19.173	4.303	47.662
Mayo	24.587	19.465	4.899	48.951
Junio	25.154	20.346	9.567	55.067
Julio	25.210	22.259	9.843	57.312
Agosto	25.531	23.439	8.342	57.312
Septiembre	25.391	23.177	8.275	56.843
Octubre	25.849	23.387	8.108	57.344
Noviembre	25.918	23.334	8 404	57.656
Diciembre	25.569	22.185	7.708	55.462

Sin los billetes del Banco Central, es probable que se hubiera producido una grave escasez de numerario como la de 1943, que dió lugar a la importación de moneda norteamericana.

El aumento del medio circulante se debió exclusivamente a causas externas, es decir, al superávit de la balanza de pagos. Durante los diez y ocho meses considerados, las reservas internacionales subieron más que el medio circulante.

Las cifras del cuadro que antecede demuestran una expansión del medio circulante igual a más de once millones de lempiras desde julio de 1950. Tomando en cuenta sólo el año de 1951, el aumento resulta aún más fuerte, o sea 13 millones de lempiras.

La impresión que estas cifras producen es muy exagerada. Gran parte del aumento del medio circulante ocurrió en forma de depósitos gubernamentales, que por el momento se encontraron inmovilizados. Para apreciar correctamente la variación del numerario en circulación, es preciso tomar en cuenta el hecho de que la circulación de billetes norteamericanos y de especies monetarias salvadoreñas y guatemaltecas ha disminuído durante el mismo período. La circulación total de estos medios de pago no es conocida, y por lo tanto no está incluída en las cifras del cuadro.

Hasta el término de 1951, el Banco Central ha repatriado billetes dólares con un equivalente de más de dos millones de lempiras, colones por 2.5 millones de lempiras y quetzales por 0.8 millones de lempiras, o sea un total de 5.3 millones de nuestra moneda. Restando esta cifra de los 6.1 millones de aumento aparente del numerario en circulación, resulta que las especies monetarias de toda clase sólo han aumentado 0.8 millones de lempiras. Posiblemente, ésto tampoco sea exacto, porque habría que tomar también en cuenta los otros billetes extranjeros introducidos al país ilegalmente.

Los depósitos privados en poder del sistema bancario han aumentado, durante el período a que se contrae este informe, en dos millones o sea el diez por ciento. Tal vez este porcentaje indique el aumento total habido en el medio circulante.

III - Agencias del Banco Central

S nta Rosa de Copán. En el occidente de Honduras, la circulación monetaria estaba constituída en su mayor parte por colones salvadoreños y quetzales. Con el fin de incoporar a las reservas internacionales del país y con el propósito de nacionalizar los medios de pago, el Banco Central decidió establecer una agencia en Santa Rosa de Copán. Con este fin firmó el 2 de junio un contrato con el Ingeniero Manuel Bueso, vecino de la ciudad mencionada.

La Agencia del Banco Central en Santa Rosa de Copán dejó de funcionar al establecerse el Banco de Occidente.

En este corto período su movimiento fué de L. 227.400, siendo de esta manera retirados de la circulación gran cantidad de billetes, colones salvadoreños en primer término, así como billetes quetzales y dólares norteamericanos que circulaban entre el público y comercio de aquella zona.

La agencia efectuaba las siguientes operaciones:

1) Canje de Moneda Nacional.
2) Compra y venta de monedas extranjeras en billetes (dólares de los EE.UU. de América, colones salvadoreños y quetzales).
3) Compra de giros extranjeros; la venta de los mismos quedó excluída, con excepción de los cheques de viajero que el Banco Central le consignaba.
4) Traslación de fondos dentro del territorio de Honduras mediante la venta de cheques. No quedaba comprendido el traslado de fondos de esta capital a Santa Rosa, salvo los oficiales.

Para las operaciones de la agencia, el Banco Central le asignó un fondo fijo de L.20.000, del cual se entregaron al Agente L.10.000 en efectivo, y se le abrió una cuenta de depósito en el Banco Central por los L.10.000 restantes. Asimismo, la agencia disponía de una consignación de L.2.000 en formularios de cheques de viajero para vender al público.

Toncontín. Los viajeros que llegaban al aeropuerto de Toncontín (Tegucigalpa) carecían de facilidades para cambiar inmediatamente las monedas extranjeras que traían consigo. Resultaba que sus primeras transacciones en Honduras se efectuaban muchas veces en dólares norteamericanos, quetzales y colones salvadoreños.

En consecuencia, el Directorio del Banco Central resolvió establecer una agencia en el aeropuerto de Toncontín, con la facultad de adquirir cheques de viajero, comprar y vender billetes y monedas de las principales divisas extranjeras, y realizar las operaciones de canje de moneda nacional.

Para ofrecer mayores facilidades a los pasajeros, el Directorio resolvió eximir a éstos de la comisión cambiaria en operaciones de compra y venta de billetes extranjeros, hasta por la cantidad de $50.00 o su equivalente en colones salvadoreños o quetzales.

La agencia del Banco Central en Toncontín quedó abierta al público el 29 de octubre de 1951.

IV - Regulación Cambiaria

Para no causar pérdidas indebidas al público hondureño, el Banco Central durante su primer año cambió los billetes extranjeros a la par, a pesar de que su repatriación le causaba fuertes gastos. La circulación de billetes colones y quetzales fué substancialmente reducida, no así la de billetes dólares. Habiendo fijado Cuba el tipo de compra de los dólares bajo la par, los exportadores de madera de la Costa Norte del país conseguían dólares en Cuba y los gastaban en Honduras aprovechando el margen en el tipo de compra de la moneda norteamericana entre estos dos países.

Con el fin de evitar la circulación de billetes extranjeros en el país, impulsar el uso del giro en las transacciones internacionales e impedir la especulación cambiaria, el Directorio del Banco Central, con base en el párrafo segundo del Art. 32 de su ley, resolvió en mayo de 1951 fijar a 1% bajo la par la compra de billetes extranjeros y seguir vendiendo a 1% sobre la par tales especies, así:

Billetes	Compra	Venta
Dólar	L .1.98	L. 2.02
Quetzal	,, 1.98	,, 2.02
Colón	,, .792	,, .808

V - Relaciones con el Gobierno

Durante el año de 1951, el Banco Central asumió las obligaciones monetarias que el Gobierno de Honduras había contraído en sus relaciones con el Fondo Monetario Internacional y el Banco Internacional de Reconstrucción y Fomento.

La aportación suscrita por Honduras con el Fondo Monetario Internacional era de $500.000, y el valor de la acción suscrita con el Banco Internacional de Reconstrucción y Fomento de un millón de dólares.

El Gobierno había pagado al Fondo $125.000 en oro y L.102.118.40 en moneda nacional, suscribiendo pagarés por L.647.881.60 para completar su aporte.

Al Banco Internacional se habían hecho los siguientes pagos:
$20.000 en dólares, $3.600 en lempiras y $176.400 o sean L.352.800 en pagarés.

Por un contrato celebrado con el Gobierno, el Banco Central se ha hecho cargo de las obligaciones pendientes con los citados organismos internacionales.

De conformidad con el contrato, El Banco Central, autorizado por el Fondo Monetario Internacional, devolvió al Gobierno los pagarés que éste había firmado, sustituyéndolos por los propios.

Los pagarés que había firmado el Gobierno a favor del Banco Internacional de Reconstrucción y Fomento, fueron igualmente cancelados por el Banco Central, acreditando su importe a la cuenta de depósitos a la vista de la instituición acreedora.

En compensación de las obligaciones asumidas por el Banco Central, el Gobierno le transfirió las cantidades aportadas anteriormente tanto al Fondo como al Banco Internacional, con valor de L.399.318.40, cantidad que se convino destinar al Fondo de Valores del Banco Central.

Como agente del Gobierno, el Banco contrató la emisión de bonos destinados a financiar el establecimiento de un sistema de telefonía automática en las ciudades de Tegucigalpa, Comayagüela y San Pedro Sula.

El Estado emitió cien bonos con un valor facial de L.16.000 cada uno haciendo un total de L.1.600.000, los cuales devengan un interés de 4% anual

Para amortizar y cancelar estos bonos y pagar intereses, el Gobierno se comprometió a entregar, mensualmente, al Banco Central, el producto íntegro de los servicios telefónicos, y si este producto no alcanzare la cantidad necesaria para la amortización de la deuda, se completaría dicha suma de los demás fondos generales del Estado.

El Banco Central por su lado colocaría los bonos en el mercado, prestando el servicio de amortización de capital e intereses. Actuaría como fiduciario de la emisión y mantendría la liquidez y estabilidad de los bonos en el mercado hasta su completa amortización. Este servicio lo presta el Banco Central al Gobierno de conformidad con el Art. 57 de su ley.

VI - Presencia en Conferencias Internacionales

Durante los años de 1950 y 1951, funcionarios del Banco Central participaron en nombre del Gobierno de Honduras en las siguientes conferencias:

Junta de Gobernadores del Fondo Monetario Internacional. París Septiembre (1950).

Cuarta Reunión de la Comisión Económica para América Latina, Mexico, mayo-junio (1951).

Reunión del Comité ad-hoc de Técnicos de Bancos Centrales, Tesorerías y Organismos Fiscales del Concejo Interamericano, Washington, del 16 al 27 de julio (1951).

Segunda Sesión extraordinaria del Concejo Interamericano Económico y Social, Panamá, del 20 al 31 de agosto. (1951)

Junta de Gobernadores del Fondo Monetario Internacional, Washington, septiembre (1951).

Reunión Preliminar de Ministros de Relaciones Exteriores de Centro América. San Salvador, del 8 al 14 de octubre (1951).

Conferencia de estadísticas de Comercio Exterior y Balanza de Pagos Panamá, 3 al 15 diciembre (1951).

VII - Relaciones con el Sistema Bancario

Las relaciones entre el Banco Central y el sistema bancario, se han mantenido sobre una base de cooperación amistosa.

Comenzando en marzo de 1951 los gerentes de los bancos del Sistema han celebrado reuniones regulares con representantes del Banco Central, en las cuales se han discutido asuntos de interés común en una atmósfera informal.

Uno de los primeros asuntos discutidos fué el de descongelar las carteras de los bancos. La ley para Establecimientos Bancarios de 1937, sólo admitía prestamos hasta el plazo de 6 meses, pero prorrogables. Esta rigidez había dado lugar a una práctica muy defectuosa que consistía en prorrogar indefinidamente los préstamos que por razón de su naturaleza necesitaban un plazo más largo.

El Banco Central sugirió que los bancos privados, dentro del plazo de cinco años que se concede en la vigente Ley para Establecimientos Bancarios, fijaran plazos para el pago efectivo de los créditos otorgados, y sustituyeran sus contratos presentes por otros más de acuerdo con la capacidad de pago de los clientes.

VIII - Superintendencia de Bancos

En el primer periodo, o sea en el semestre de julio a diciembre de 1950, las actividades de la Superintendencia fueron reducidas y de escasa significación debido a la carencia de personal especializado. Se practicaron arqueos de caja en siete instituciones bancarias; en el ramo de estadística se diseñaron formularios que fueron distribuídos con el fin de empezar a recopilar los datos más importantes, tales como balances analíticos, descomposición de saldos de caja, información crediticia, posición de encaje, posición de cambios, movimiento de cobros ajenos y documentados, movimiento de divisas y otras estadísticas complementarias.

En julio de 1951, con el personal que se había logrado capacitar, quedó definitivamente organizado el departamento, contando, además del superintendente, con cinco auditores, jefe y ayudante de estadística y una mecanógrafa.

La tarea de programar las labores de la sección de auditoría no fué fácil, en concepto de que los bancos funcionan con mecanismos contables distintos y nomenclaturas multiformes. Fué necesario un estudio previo de los balances analíticos de cada institución, a efecto de enterarse del proceso contable-administrativo de las instituciones que están bajo la jurisdicción de la Superintendencia. Esto les permitió dictar medidas de carácter urgente en el manejo de especies monetarias y valores de inmediata conversión, así como propiciar un sistema de uniformidad contable que habrá de plasmarse en un futuro inmediato.

Con la asesoría técnica de elementos extranjeros, se dió principio a las labores de revisión, habiéndose practicado auditorías de caja y valores a las instituciones siguientes: Banco Nacional de Fomento; Sucursal Banco Atlántida, Tela; Sucursal Banco de Honduras, San Pedro Sula; Sucursal Banco Atlántida, Tegucigalpa; El Ahorro Hondureño, S. A. y Banco de Occidente, S. A.

IX - Estudios Económicos

Durante 1951 el Banco Central amplió su Departamento de Estudios Económicos, con personal hondureño y técnicos traídos del extranjero y otorgó becas, para realizar estudios fuera del país, a dos hondureños.

El Departamento de Estudios Económicos ha preparado el Boletín Mensual del Banco, calculado la Balanza de Pagos del país, compilado estadísticas monetarias, bancarias y cambiarias; formulado índices de precios; organizado la biblioteca del Banco y llevado a cabo varios estudios, tanto para el Banco Central, como para el Gobierno.

Además, el Banco Central ha cooperado con el Banco Nacional de Fomento en el Establecimiento de un Servicio Informativo común a ambas instituciones.

En noviembre, el Banco Central recibió la visita de una misión del Fondo Monetario Internacional, integrada por los Doctores Poul Host-Madsen y Octavio Campos Salas, con el fin de organizar la sección de la balanza de pagos. Esta Misión prestó especial atención al registro de las transacciones de las compañías extranjeras que operan en Honduras. A tal efecto colaboró en la preparación de una serie de tablas o cuadros que una vez en uso, facilitarán un registro más sistemático de las transacciones de dichas compañías. además, revisó los formularios de compra-venta de divisas que el sistema bancario usa actualmente y recomendó varios cambios con el fin de facilitar la compilación de estadísticas para la balanza de pagos.

El Dr. John Adler, del Banco Internacional de Reconstrucción y Fomento, visitó en el mes de noviembre de 1951 al Banco Central. El Señor Adler revisó los trabajos estadístico-económicos sobre la Renta Nacional, lo mismo que el estudio preliminar que en materia fiscal se prepara actualmente, proporcionando al respecto valiosas sugerencias.

X - Cambios en el Directorio

El 30 de junio de 1951 terminó el mandato de los Ingenieros Rafael Dávila y Eugenio Molina h., como representantes, propietario y suplente, respectivamente, de las fuerzas vivas del país, en el Directorio del Banco Central.

El 1º de julio del mismo año fueron incorporados como Directores, propietario y suplente, por aquel sector, el Ingeniero Molina h., y el Lic. Samuel Da Costa Gómez.

EL SISTEMA BANCARIO

Los acontecimientos más salientes respecto al sistema bancario ya han sido mencionados anteriormente, en relación con la reforma monetaria y bancaria. La nueva Ley para Establecimientos Bancarios, el traspaso del derecho de emisión, las regulaciones respecto al encaje, tipos de interés y divisas, la Cámara de Compensación, y la cooperación con el Banco Central en su política monetaria, han modificado profundamente la estructura del sistema bancario.

Las influencias económicas que se manifestaron en el mercado de crédito, fueron de importancia secundaria. Como ya hemos visto, los bancos rehusaron financiar la especulación en mercaderías importadas, que ha sido patente después de la guerra de Corea, y el aumento de divisas no ha afectado substancialmente al sistema bancario. Las reservas internacionales mantenidas por los bancos más bien han disminuido, de 9.6 millones de lempiras en julio de 1950 a 6.6 millones a fines del mismo año y a 5.1 millones a diciembre de 1951, pero esto se debió más bien a la política de centralización seguida por el Banco Central que a las condiciones del mercado.

La política crediticia ha sido muy conservadora tanto en 1951 como en 1950. En cifras globales, los créditos del sistema bancario no han aumentado ni disminuído. sin embargo el Banco Nacional de Fomento entró en el campo crediticio alcanzando sus créditos a fines de 1951 un total aproximado de dos millones de lempiras. El Banco de Occidente, que inició sus operaciones en septiembre de 1951, ha hecho préstamos con valor de 78 mil lempiras.

Los préstamos de los bancos comerciales han permanecido estáticos durante 1949 y 1950 aproximadamente en un nivel de 18.5 millones de lempiras. En 1951 empezó un movimiento descendente que alcanzó su punto mínimo en septiembre, con 16.5 millones y que subió a 17.7 millones a fin de año.

Al mismo tiempo, el comercio, por lo menos el de importación, alcanzó niveles muy altos. Los datos preliminares en poder del Banco Central sobre la importación acusan un total de alrededor de 100 millones de lempiras en 1951, contra unos 75 millones durante el año anterior. Esto indica un alto grado de autofinanciamiento de parte de los negociantes.

Los depósitos de toda clase del sistema bancario en conjunto, eran de 26 millones de lempiras en julio de 1950; bajaron a 24.7 millones en diciembre de 1950 y subieron después hasta 30.4 millones a fines de 1951. El total de las disponibilidades internas del sistema bancario subió de 11 a 17 millones de lempiras en el curso del año de 1951.

Durante todo el período a que se refiere este informe, el encaje legal se mantuvo en 25% contra depósitos a la vista y en 15% contra depósitos a plazo y de ahorro. Con el incremento de los depósitos aumentó también la cantidad necesaria para cubrir los requerimientos legales, no obstante lo cual los depósitos de los bancos en el Banco Central y sus existencias en efectivo, sobrepasaron aquellas cifras.

El exceso de las reservas monetarias de los bancos puede verse en e siguiente gráfico.

RESERVAS MONETARIAS DE LOS BANCOS COMERCIALES

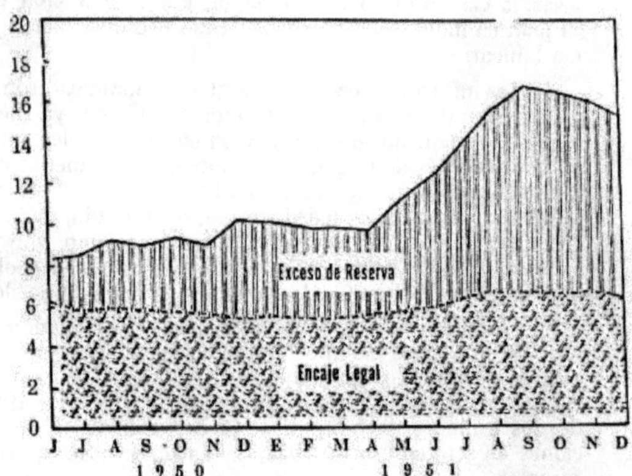

En un sistema bancario como el de Honduras es necesaria una alta liquidez. Casi la mitad de los depósitos consiste en cuentas de las grandes compañías, cuya actividad alcanza varios millones de lempiras mensualmente.

Los mayores retiros de caja son debidos al pago de planillas de las compañías fruteras. En ese momento, el efectivo de los bancos disminuye grandemente. Enseguida, el efectivo pasa de los empleados de las compañías a los comerciantes y regresa de nuevo a los bancos, generalmente antes del fin de cada mes. Las estadísticas bancarias que forman la base del gráfico anterior dan una impresión exagerada del grado de liquidez, puesto que indican los saldos a fin de mes.

El encaje de los bancos está sujeto a un movimiento estacional. Las sociedades anónimas que operan en el país acumulan ganancias durante el año y las pagan en diciembre o enero. Si los accionistas fueran residentes de Honduras; esto no afectaría mucho el total de los depósitos, puesto que las sumas debitadas a las sociedades anónimas serían transferidas a las cuentas de los accionistas. En realidad, no es así. Las compañías operan en gran medida con capital extranjero, y los dividendos son transferidos a cuentas en bancos de otros países. Por esta razón, el exceso de reservas bancarias bajó de 90% en diciembre de 1950 a 81% en enero de 1951.

No obstante que la estructura financiera de Honduras hace necesaria una alta liquidez en los bancos comerciales, sus reservas en efectivo son relativamente grandes. En septiembre y octubre del año pasado, cuando el encaje legal alcanzó 6.6 millones de lempiras, el encaje total era igual a 16.6 millones de lempiras. El exceso alcanzó por consiguiente 10 millones de lempiras, o sea 150% aproximadamente.

Los préstamos otorgados por los bancos hondureños se caracterizan por la gran proporción que se destina al comerció (61%). La agricultura y ganadería, que solían trabajar casi sin crédito bancario, han recibido en 1951 una proporción igual al 7% del crédito total otorgado por el sistema bancario, gracias a la actividad del Banco Nacional de Fomento. Las construcciones han recibido un poco más del 7% del crédito total del sistema bancario y el 14% se ha utilizado para pagar deudas a bancos y a particulares.

CREDITOS CONCEDIDOS POR EL SISTEMA BANCARIO DURANTE 1951

CONSOLIDACION POR BANCOS
(miles de lempiras)

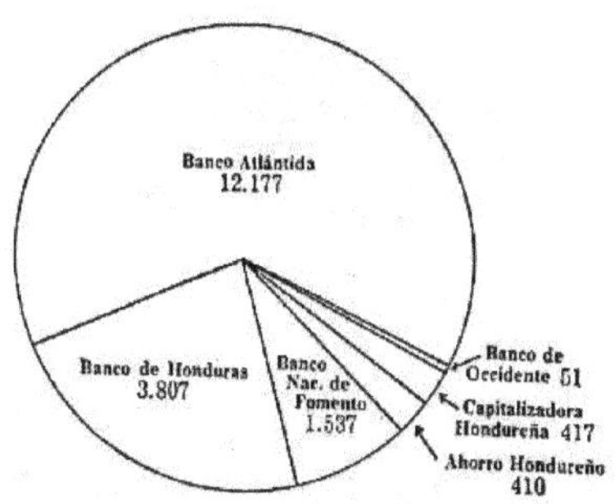

CONSOLIDACION POR DESTINO
(miles de lempiras)

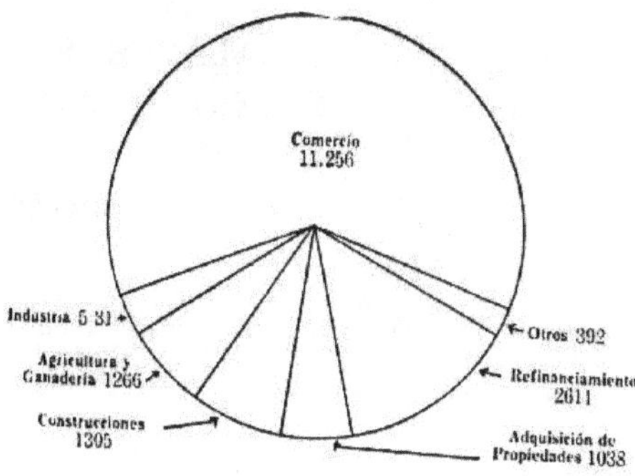

Como mencionamos anteriormente, los bancos, en cooperación con el Banco Central, han procedido a una extensión de los plazos de los préstamos concedidos bajo los términos de la ley anterior. El importe convertido es mucho mayor de lo que indican las cifras relativas a los préstamos para pagar deudas a los bancos, puesto que muchas conversiones se hacen sin escritura pública, y por consiguiente, no aparecen en la estadística de los préstamos.

CREDITOS POR PLAZOS CONCEDIDOS POR EL SISTEMA BANCARIO EN 1951

(en miles de lempiras)

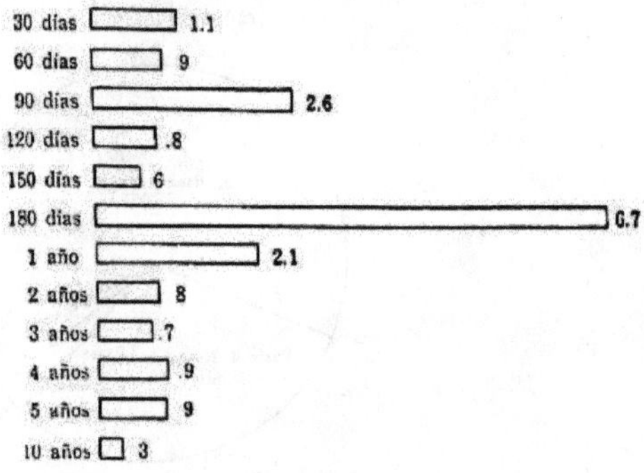

ANALISIS DEL BALANCE Y DEL ESTADO DE PERDIDAS Y GANANCIAS DEL BANCO CENTRAL

I - Reservas Internacionales

Las reservas internacionales del Banco Central de Honduras al 31 de diciembre de 1951 ascendieron a L 40.6 millones o sea un aumento de L 19.5 millones desde el balance final del año anterior, y L.34.8 millones más de la cantidad con que empezó a operar el 1º de julio de 1950.

BANCO CENTRAL DE HONDURAS

Posición mensual de los principales rubros del Balance

(millones de lempiras)

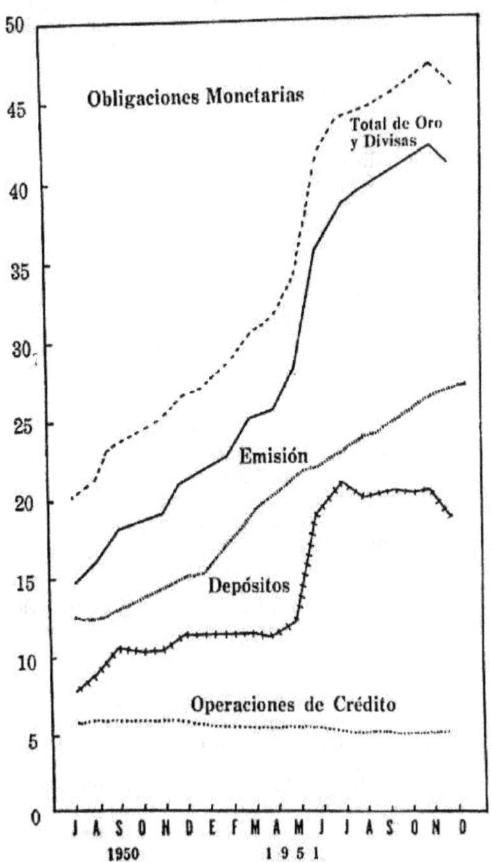

Los aumentos indicados se debieron principalmente al saldo favorable de nuestra balanza de pagos. Otros factores que influenciaron el rápido incremento de las divisas en manos del Banco Central fueron: la transferencia de activos internacionales de la banca privada y el retiro de la circulación de monedas extranjeras.

La centralización de las reservas internacionales en manos oficiales implicó una reducción por parte de la banca privada de sus inversiones en valores extranjeros de L 2.1 millones y de sus tenencias de divisas por L 3.4 millones aproximadamente.

La exportación de monedas extranjeras, que ascendió a L 15.2 millones, redujo las tenencias de la banca privada de este activo en L 2.0 millones, y retiró del público L 13.2 millones.

Al 31 de diciembre de 1951 los activos internacionales del Banco Central estaban distribuidos en la siguiente forma:

		En Miles de Lempiras
Oro		218
Monedas y Billetes extranjeros		1.994
Depósitos a la vista en el extranjero		2.488
Depósitos a plazo en el extranjero		9.920
Inversiones		25.785
Aceptaciones Bancarias	4.933	
Bonos del Banco Internacional de Reconstrucción y Fomento	3.878	
Bonos de la Tesorería Norteamericana	3.000	
Certificados de la Tesorería Norteamericana	2.006	
Letras de la Tesorería Norteamericana	11.968	
Aporte en oro al Fondo Monetario Internacional		250
		40.655

Las tenencias de oro del Banco Central no han variado desde su creación. Estas reservas estan constituídas exclusivamente por monedas de oro. Mientras la Comisión de Control de Cambios tenía estas monedas contabilizadas en su valor nominal, es decir a un precio de $ 20.67 por onza troy, desde agosto 1950, el Banco Central las ha revaluado de acuerdo con su valor intrínseco.

La fuerte existencia de monedas extranjeras en manos del Banco Central a fines de 1951, se debe al esfuerzo realizado costantemente para retirarlas de la circulación. La descomposición de este saldo es la siguiente:

	En Miles de Lempiras
Moneda Metálica Norteamericana	1.675
Billetes Dólares	73
Quetzales	44
Colones	202
	1.994

Con excepción de pequeñas cantidades que siempre se necesitan para atender las demandas de viajeros, estas monedas extranjeras son devueltas a sus respectivos países de origen tan pronto como las circunstancias lo permiten. La baja de este activo de L 6.918.000 el 31 de diciembre de 1950 a L.1.994.000 a fines de 1951 evidencia, más que todo, el afán del Banco Central de volver productivas las reservas internacionales de Honduras, mediante la rápida exportación de estas monedas y la pronta inversión de tales fondos.

Iguales razones explican la baja en los depósitos a la vista en bancos del exterior. Mientras a fines de 1950 el Banco Central mantenía saldos que ascendían a L 5.542.000, el balance al 31 de diciembre de 1951 revela un saldo de depósitos a la vista con corresponsales en el extranjero de apenas L 2.488.000. La mayor parte de estos fondos se mantienen en Nueva York, tanto por razón de las relaciones comerciales entre Honduras y Estados Unidos como por la importancia de nuestras inversiones en aquel mercado monetario. Sin embargo, el Banco Central tiene corresponsales en otras ciudades norteamericanas como también en El Salvador y Guatemala. Debido a las facilidades proporcionadas por uno de nuestros corresponsales norteamericanos, el Banco Central puede hacer transferencias cablegráficas directamente a casi todos los centros mundiales importantes.

El Banco Central durante 1951 aumentó sus depósitos a plazo con bancos norteamericanos, de L 3.000.000 a L 9.920.000. Este tipo de inversión ha sido siempre atractivo por no estar sujeta la renta a impuesto del gobierno norteamericano. En razón del aumento de la tasa de interés de 1 a 1½% por depósitos a noventa días, esta inversión se ha convertido en una de las más productivas del Banco Central.

Las inversiones en valores del gobierno norteamericano actualmente ascienden a 17 millones de lempiras habiéndose registrado un aumento de 13 millones durante el año de 1951. Para fines de liquidez, la mayor parte de estas inversiones se encuentra en Letras de Tesorería con vencimientos de menos de sesenta días.

Las aceptaciones bancarias han aumentado durante este último año aproximadamente en tres y medio millones. Esta inversión tiene la garantía del Federal Reserve Bank of New York y produce un rendimiento bastante elevado considerando que no está sujeto a impuestos por parte del gobierno norteamericano.

Como inversiones a largo plazo figuran cuatro millones de lempiras en bonos del Banco Internacional de Reconstrucción y Fomento. Estos valores no solamente constituyen una inversión de la más alta calidad, sino que representan una reafirmación de la confianza de Honduras en una organización internacional que tanta ayuda está prestando a las economías subdesarrolladas.

Como se ha indicado anteriormente en este informe, el Banco Central asumió, en junio de 1951, las obligaciones de cuota tanto con el Banco Internacional de Reconstrucción y Fomento como con el Fondo Monetario Internacional. El saldo de L 250.000 que aparece en el Balance de fin de año como aporte al Fondo Monetario Internacional, representa la cantidad de oro comprada por el gobierno de Honduras en febrero de 1950 y pagado al Fondo Monetario Internacional como parte de la suscripción de L 1.000.000 de este país en dicho Organismo. La otra parte de L 750.000 figura en el balance como aporte en lempiras a instituciones internacionales. Esta última porción fué cubierta con pagarés y moneda nacional.

II - Obligaciones de los Bancos Comerciales

Conforme al arreglo firmado con los bancos que disfrutaban del derecho de emisión, el Banco Central asumió las obligaciones correlativas de aquellos, permitiéndoles de acuerdo con la ley, pagar el 50% del valor de los billetes que había en circulación el 1º de julio de 1950 en seis abonos semestrales. Esta obligación aparece en el balance del Banco Central desde su apertura, iniciándose con L 1.614.000 y ha sido amortizada parcialmente, quedando a fines de 1951 un saldo de L 1.076.000.

Durante sus primeros 18 meses de vida, el Banco Central ha realizado apenas tres operaciones crediticias con municipalidades, por un total de L 15.000. Esta institución ha preferido dejar que las municipalidades logren su financiamiento por medio de la banca privada; y sólo ha intervenido cuando los bancos comerciales no han podido asumir el riesgo de ciertos proyectos municipales de evidente necesidad para el bienestar público.

A fines de 1951, de los tres créditos originales sólo quedaba uno en la cartera del Banco con un saldo de L 6.000.

III - Bono de Consolidación de la Moneda Metálica

De conformidad con el artículo 72 de la Ley del Banco Central de Honduras, esta institución asumió todas las obligaciones inherentes a la emisión de moneda metálica hecha por el Gobierno. El Banco recibió como contrapartida las sumas existentes en el Fondo de Cambio más un Bono del Gobierno por la diferencia entre el valor de este Fondo y la cantidad total emitida. El valor del Bono que es de L 4.209.200.36 resulta, pues, de la diferencia entre el valor de las emisiones monetarias hechas por el Gobierno de la República, (L 9.661.700) y las transferencias hechas al Banco Central por la Comisión de Control de Cambios (L 5.414.617.16) más las cantidades correspondientes al Fondo de Cambio que fueron recibidas después del 30 de junio de 1950 (L.37.882.48). El Bono en referencia fué emitido mediante Acuerdo Nº 25 del 30 de mayo de 1951 y no ha cambiado de valor.

La ley establece que "este bono se reducirá en una cantidad igual a la suma que obtenga el Banco Central por la venta del metal contenido en las monedas emitidas con anterioridad a su creación, en caso de que éstas se demonetizaren eventualmente".

El valor de la plata de la moneda emitida por el gobierno pasaba de L 4.500.000 el 30 de junio de 1950, mientras a los precios actuales esa misma cantidad de plata vale aproximadamente L 6.000.000. En consecuencia el bono está, por el momento, ampliamente garantizado por el valor intrínseco del metal de las monedas en circulación.

IV - Otros Activos

Al 31 de diciembre de 1950 la cuenta "Otros Activos", ascendía a L 855.000 y comprendía principalmente las subcuentas "Remesas en Tránsito" (L 316.000); Ventas de Cambios Futuros (L 344.000); Muebles y Enseres (L.57.000); Adecuación Edificio y Bóvedas de seguridad (L 55.000) Costo Acuñación Moneda Metálica e Impresión Billetes (L 56.000).

En diciembre de 1950 y diciembre de 1951 este rubro aumentó en L 1.077.000.Este aumento se debe sobre todo a la contabilización de la cuota de Honduras en el Banco Internacional de Reconstrucción y Fomento (L 400.000), compra de edificios para atender a la expansión de las operaciones de esta institución (L 295.000) nuevas acuñaciones que costaron alrededor de L 300.000, Gastos de Impresión de Billetes de aproximadamente L 100.000 y compras de muebles y enseres, por L 106.000.

Otro renglón de importancia en "Otros Activos", son los gastos de exportación de la moneda metálica de los Estados Unidos, que durante el año pasaron de L 70.000. Esta partida fué sustancialmente amortizada a fin del año.

V - Emisión

Al principiar sus operaciones el 1º de julio de 1950, el monto de la emisión a que se obligó el Banco Central ascendía a L 12.890.000.

De esa cantidad habían sido emitidos por el Gobierno L 9.662.000 en moneda metálica; por el Banco Atlántida L 1.821.000 en billetes y por el Banco de Honduras L 1.407.000, también en billetes. Durante sus primeros seis meses de vida el Banco Central puso en circulación aproximadamente cuatro millones de lempiras de sus propios billetes. La emisión total hasta el 31 de diciembre de 1951, ascendió a L 27.179.000 y consiste en L 9.281.000 en moneda metálica; L 687.000 en billetes del Banco Atlántida; L 524.000 en billetes del Banco de Honduras y L 16.687.000 en billetes del propio Banco Central. Como se ha indicado en otra parte de este informe, las fuertes emisiones del Banco Central en sus primeros 18 meses de vida se han debido principalmente a la nacionalización de los medios de pago, es decir, a la sustitución de especies extranjeras por nacionales. Aquí cabe hacer resaltar que el aumento en el valor de los billetes emitidos no repercutió en detrimento de su respaldo, ya que la existencia de oro y divisas subió en dicho período.

Mientras el 1º de julio de 1950 L 12.8 millones de emisión estaban garantizados con L 5.8 millones de disponibilidades internacionales oficiales, constituyendo un respaldo de 45%, el 31 de diciembre de 1951, L 40.4 millones de activos internacionales estaban garantizando una emisión de L 27.2 millones representando un respaldo de 149%.

VI - Depósitos

Las varias cuentas de depósitos arrojan actualmente un total de 18.5 millones de lempiras correspondiendo 10.2 millones a Depósitos del Sistema Bancario, 7.7 a Depósitos del Gobierno Central y Local y .6 a Depósitos de Instituciones Internacionales y bancos del exterior. La cuenta de Depósitos Bancarios demuestra un aumento de 2.7 millones sobre la cifra de Diciembre de 1950 y más de 7 millones sobre la de julio de 1950. Tales aumentos se deben principalmente a la concentración en el Banco Central de los encajes de las instituciones bancarias. Se debe también en parte al aumento de la liquidez del sector bancario conjuntamente con el deseo de parte de la banca privada, especialmente en la Capital, de mantener en sus propias bóvedas exclusivamente las existencias en efectivo indispensables para atender las necesidades de ventanilla. Las cuentas de Depósitos Oficiales han experimentado un aumento de más de 7 millones, debido principalmente al superávit del Gobierno Central, de más de 4 millones, con el cual liquidó su presupuesto para el año de 1950-51. Otro factor que influyó en el aumento de tal rubro es la apertura de nuevas cuentas por varias dependencias oficiales y organismos distritales y municipales.

Los depósitos de instituciones internacionales han aumentado por razón de mayores aportes de este país en moneda nacional y también por la apertura de cuentas de alguna importancia por parte de bancos centrales de otros países.

VII - Otras Obligaciones

Esta cuenta, a fines de 1951 arrojaba un total de 2.1 millones y demuestra un aumento de 1.8 millones de lempiras desde diciembre de 1950. Está constituída principalmente por depósitos en garantía de créditos emitidos. El saldo de tales depósitos da actualmente un total de más de 1 millón de lempiras contra 300 mil del año anterior. En este rubro también figuran los pagarés que el Banco Central ha firmado a favor del Fondo Monetario Internacional en pago parcial del aporte en moneda nacional de este país a aquel Organismo.

VIII - Otros Pasivos

La cuenta de "Otros Pasivos" incluye fondos en fideicomiso depositados en esta institución, utilidades, y reservas de previsión social para los empleados del Banco Central.

IX - Capital y Reservas

La cuenta de capital aumentó en 22.000 lempiras a principios de 1951 con la distribución de las utilidades obtenidas durante 1950 conforme al Art. 5º de la Ley del Banco Central, que establece que la mitad de las utilidades serán destinadas a incrementar la cuenta de capital hasta que alcance el 10% de los activos totales del Banco, excluyendo la parte que corresponde a los activos internacionales. La mitad restante se aplicó a la constitución del Fondo de Valores, por medio del cual el Banco Central negociará con el objeto de promover las actividades económicas del país.

El Fondo de Valores durante 1951 fué incrementado aproximadamente en 400 mil lempiras por un aporte especial del Gobierno de Honduras, así que actualmente goza de un saldo de cerca de L 422 mil. En diciembre de 1951 la cuenta de capital fué incrementada por autorización del Directorio del Banco Central en L 20.000, cantidad que corresponde al valor total de los gastos capitalizados hechos por la Comisión Organizadora de la Banca Nacional con fondos especiales del Gobierno de Honduras.

X - Utilidades

Las utilidades percibidas por el Banco Central en 1950 y 1951 aparecen en los Estados de Pérdidas y Ganancias al 31 de diciembre de los respectivos años. La utilidad bruta por los primeros seis meses de vida del Banco arrojó L 159.000, de cuyo produto L 121.000 corresponden a comisiones cambiarias, y L 37 mil a rendimiento de inversión de las reservas internacionales. Los gastos generales por este período, llegaron a L 115.000; y la ganancia líquida, por consiguiente quedó en L 44 mil.

Nuestro análisis de las cifras de 1951 muestra que los ingresos totales de casi L 600.000 sobrepasaron sustancialmente los de 1950. El aumento registrado refleja mayores comisiones cambiarias tanto por el auge en transacciones como por el aumento de las tasas en la compra de billetes extranjeros.

La mayor parte del aumento, sin embargo, proviene de las inversiones de las reservas internacionales, que produjeron casi L 300 mil.

Como se había anticipado, los gastos del funcionamiento del Banco registraron aumentos a medida que se experimentaron mayores operaciones. Tales gastos ascendieron durante 1951 a L 383.000 dejando una ganancia de operación de L 215.000. Más de L 115.000 fueron separados de esta suma para depreciaciones, amortizaciones y reservas, con el resultado que las ganancias líquidas quedaron en L 100.000.

Como se ha explicado en otra parte de este informe, el Banco ha seguido la política de mantener invertido el máximo de las reservas internacionales. Esto ha sido de gran beneficio, desde el punto de vista de la balanza de pagos. Además, por no disponer el Banco de las rentas usuales de la banca central, es decir, las provenientes de operaciones activas internas, tiene que depender del producto de estas inversiones internacionales, para cubrir sus gastos administrativos.

Siendo una institución de servicio público, el Banco Central de Honduras no tiene como principal objetivo el lucro; por esa razón, cuando las ganancias suben, el Banco devuelve tales utilidades al público por medio de mayores servicios.

NOTAS A LA BALANZA DE PAGOS

BALANZA DE PAGOS

1. MERCANCIAS

Tanto la exportación como la importación están valuadas fob y están basadas sobre estadísticas del comercio general. Se han incluído las reexportaciones y, tanto como ha sido posible, el comercio de tránsito. La valuación de éste es tal vez incompleta, por razón del contrabando. Las estadísticas comerciales y oficiales de Honduras, que están clasificadas por años fiscales, han sido reclasificadas para presentar datos por años civiles. Las exportaciones se han arreglado de la manera indicada en el cuadro siguiente:

CUADRO 1

EXPORTACION DE MERCANCIAS

(en miles de dólares)

	1946	1947	1948	1949	1950	1951
Estadísticas oficiales reclasificadas	15.5	18.0	20.9	20.6	23.0	35.9
Ajuste para:						
Oro	−0.4	−0.5	−0.7	−0.8	−1.2	−1.2
Bananos	18.3	24.8	32.7	35.5	36.1	33.7
Café	1.2	1.7	1.8	3.2	3.3	1.5
Moneda	–	–	–	–	−0.8	−2.4
Total exportaciones	34.6	44.0	54.7	58.5	60.4	67.5
Reexportaciones						
Contrabando de Tejidos	0.6	0.9	1.2	1.7	1.8	1.8
Otras reexportaciones	0.4	0.3	0.4	0.3	0.3	0.3
Total Reexportación	1.0	1.2	1.6	2.0	2.1	2.1
TOTAL	35.6	45.2	56.3	60.5	62.5	69.6

El ajuste de las exportaciones de bananos es preciso porque los bananos exportados están valuados por las Aduanas hondureñas a una cuota arbitraria que los deprecia fuertemente.

La revaluación de los bananos está basada sobre el precio al por mayor en Nueva York, del cual se ha restado el flete, seguro y costo de distribución estimados. El valor fob así obtenido ha sido comparado con los costos de producción declarados por las compañías fruteras, más las utilidades probables de éstas, lo que constituye otra estimación del valor fob. Ambos métodos dan aproximadamente el mismo resultado.

CUADRO 2

REVALUACION DE LA EXPORTACION DE BANANOS

	1946	1947	1948	1949	1950	1951
Racimos exportados						
Miles	14.220	15.211	15.360	13.321	13.071	13.859
Valor fob racimos	$1.78	2.14	2.63	3.18	3.25	3.28
Valor fob total	25.3	32.6	40.4	42.3	42.5	45.4
Valor registrado por las Aduanas	7.0	7.8	7.7	6.8	6.4	11.7
Ajuste	18.3	24.8	32.7	35.5	36.1	33.7

Las exportaciones de café también han sido revaluadas, para tomar en cuenta cantidades importantes de este producto exportadas sin ser registradas y porque las cotizaciones declaradas por los exportadores son algo bajas, especialmente a los años 1949 y 1950.

CUADRO 3

REVALUACION DE LA EXPORTACION DE CAFE

	1946	1947	1948	1949	1950	1951
Exportaciones estimadas en toneladas métricas	6.613	6.982	7.756	10.721	10.720	11.353
Precio, lempiras por kilo	0.56	0.74	0.79	1.04	1.37	1.77
Valor estimado en miles de lempiras	3.731	5.156	6.120	11.198	14.722	20.064
Valor informado por las Aduanas en miles de lemps.	2.930	3.409	3.675	6.406	6.646	2.997
El mismo en millones de dólares	1.2	1.7	1.8	3.2	3.3	1.5

2. ORO NO MONETARIO

Los datos representan exportaciones de oro extraído de las minas del país. Las cantidades exportadas fueron las siguientes:

CUADRO 4

EXPORTACION DE ORO EN MILES DE ONZAS TROY

	1946	1947	1948	1949	1950	1951
Concentrados	—	—	—	.6	.6	.4
Amalgamas	2.4	13.8	7.1	8.2	12.5	13.1
Barras	9.5	2.4	12.8	14.3	18.7	15.8
Otras formas	—	—	1.6	1.2	3.2	3.2
TOTAL	11.9	16.2	21.5	24.3	35.0	32.5

El oro en mano de las autoridades oficiales de 3.111 7/8 onzas troy con un valor de $ 109.000, quedó sin variación por todo el período considerado.

3. GASTOS DE VIAJEROS

Los gastos de viajeros hondureños en el extranjero para los años 1946-50, se han estimado con base en las operaciones cambiarias. Para el año 1951, además se ha tomado en cuenta el número de pasajeros que ha salido de Honduras.

CUADRO 5

GASTOS DE VIAJE
(en milones de dólares)

	1946	1947	1948	1949	1950	1951
Estudiantes	.2	.3	.3	.2	.2	.3
Turismo y viajes de negocios	1.0	.8	.7	.7	.4	.7
TOTAL	1.2	1.1	1.0	0.9	0.6	1.0

Según datos proporcionados por la Dirección General de Estadística, 5000 viajeros hondureños han salido del país, aproximadamente, durante 1950-51, por la vía aérea. Se estima que un número igual ha salido por otros medios de comunicación. Suponiendo que estos diez mil pasajeros, que incluyen a negociantes y estudiantes, gasten un promedio de $ 100 cada uno, se obtiene un total de $ 1.000.000 gastado con motivo de viaje al extranjero.

Durante el año económico 1950-51 llegaron al país 3.211 turistas; se estima que gastaron un promedio de $ 50.00 cada uno.

Además, llegaron al país 1.030 agentes viajeros o negociantes; se calculan sus gastos en $ 500 para una permanencia de un mes.

CUADRO 6

INGRESOS POR MOTIVO DE VIAJE

País de Origen	Nº de Turistas	Nº de Negociantes	Total	Gastos de Turistas	Gastos de Negociantes	Total
Estados Unidos	1.001	461	1.462	$ 50.050	$ 230.500	$ 280.550
El Salvador	477	127	604	23.850	63.500	87.350
Nicaragua	561	34	595	28.050	17.000	45.050
Guatemala	281	60	341	14.050	30.000	44.050
Costa Rica	249	28	277	12.450	14.000	26.450
México	150	61	211	7.500	30.500	38.000
Inglaterra	75	39	114	3.750	19.500	23.250
Cuba	65	55	120	3.250	27.500	30.750
Otros	352	165	517	17.600	82.500	100.100
	3.211	1.030	4.241	$ 160.550	$ 515.000	$ 675.550

Finalmente, 1.700 viajeros entraron al país por la vía marítima según la declaración de las compañías de navegación. Suponiendo que cada uno de ellos hubiera gastado $ 50.00 el ingreso por esta vía sería de $ 85.000. El ingreso total por razón de viajeros, durante 1951, se estima por consiguiente en $ 760.550.

4. TRANSPORTES

Los egresos son estimaciones del flete pagado sobre la importación de mercancías, calculados de acuerdo con las tarifas cobradas por una compañía de navegación que transporta gran parte de la importación de Honduras.

Los ingresos representan muellaje, bodegaje, faro y tonelaje, cobrados por el gobierno de Honduras. Las cifras están estimadas sobre la base de datos correspondientes a años fiscales, publicados en el Informe de Hacienda, Crédito Público y Comercio.

5. SEGUROS

Las cifras representan estimaciones del pago de seguros sobre la importación (1% del valor fob) más otros seguros pagados, con base en las transferencias internacionales netas de las compañías de seguros extranjeras que operan en Honduras. Estas consisten en su mayor parte en primas de seguros de vida. Se ha tomado en cuenta que algunas de estas transferencias representan ganancias; estas últimas han sido incluídas en el renglón 6, utilidades provenientes de inversiones.

CUADRO 7

PAGO DE SEGUROS
(miles de dólares)

	1946	1947	1948	1949	1950	1951
Pagados sobre la importación	230	335	343	371	338	466
Otros seguros	600	750	800	1.050	1.200	1.500
	830	1.085	1.143	1.421	1.538	1.966

6. INGRESOS PROVENIENTES DE INVERSIONES

Los ingresos consisten en intereses recibidos sobre las inversiones en el extranjero de la banca comercial, y durante 1951 del Banco Central de Honduras.

A esto se ha agregado una estimación de los intereses recibidos por particulares que han invertido fondos en el extranjero.

Los egresos representan las utilidades estimadas, cobradas por las compañías extranjeras que operan en Honduras. La parte mayor de estas utilidades pertenece a dos compañías fruteras, cuyas operaciones aunque no completamente conocidas, se pueden establecer, aproximadamente, como sigue:

CUADRO 8

UTILIDADES ESTIMADAS DE LAS COMPAÑIAS FRUTERAS
(millones de dólares)

	1946	1947	1948	1949	1950	1951
Exportaciones de:						
Bananos	25.3	32.6	40.4	42.3	42.5	45.4
Abacá	.3	.6	1.2	1.1	1.0	.8
Cocos	.3	.3	.2	.1	.1	.1
TOTAL INGRESOS	25.9	33.6	41.8	43.5	43.6	46.3
Costo operación de los bananos	14.9	19.9	22.1	24.3	21.8	22.7
Costo Operación del abacá	1.0	1.3	1.4	1.0	.8	.8
Otros Costos de Operación (estim.)	.2	.2	.2	.2	.2	.2
TOTAL COSTOS OPER.	16.1	21.4	23.7	25.5	22.8	23.7
Utilidades netas	9.8	12.2	18.1	18.0	20.8	22.6
Reinversiones	4.2	3.6	4.5	5.8	5.3	5.5
Imp. sobre la Renta 1/	–	–	–	–	1.6	2.7
Utilidades remitidas al extranjero	5.6	8.6	13.6	12.2	13.9	14.4

1/ Instituído en 1950.

Las utilidades obtenidas por las otras compañías extranjeras son más o menos conocidas. En la Industria minera, las ganancias netas de la compañía principal, la New York & Honduras Rosario Mining Co., se conocen por las publicaciones de esta compañía. Las utilidades bancarias transferidas al extranjero también se conocen exactamente. Estas están incluídas en servicios financieros, que también comprenden seguros. Los ferrocarriles están conectados tan íntimamente con las compañías fruteras (la mayoría pertenece a éstas) que ha sido imposible estimar sus ganancias independientemente; todas sus utilidades se han atribuído a las actividades agrícolas de estas compañías.

En otras clases de actividades, es decir, elaboración de productos agrícolas, industria manufacturera, obras de servicio público, industria forestal y diversos, se han estimado las utilidades sobre la base de exportación o producción, que en gran parte están especificadas en el Informe de Hacienda, Crédito Público y Comercio o en el Informe de Fomento, Agricultura y Trabajo, suponiendo utilidades que varían entre el 20% y 33% del valor de la producción.

CUADRO 9

UTILIDADES ESTIMADAS DE COMPAÑIAS EXTRANJERAS

(millones de dólares)

	1946	1947	1948	1949	1950	1951
Agricultura	9.8	12.2	18.1	18.0	20.8	22.6
Elabor. prod. agrícolas	.5	.5	.7	.7	.7	.8
Industrias manufact.	.5	.6	.6	.7	.8	1.0
Obras de Serv. Público	.6	.7	.8	.8	.8	.9
Minería	1.6	.9	1.0	1.0	1.2	1.2
Explot. bosques maderables	.2	.3	.5	.5	.5	.8
Servicios financieros	.4	.5	.6	.7	.6	.8
Misceláneos	.5	.5	.7	.7	.7	.9
	14.1	16.2	23.0	23.1	26.1	29.0
Impuesto s/. la Renta	—	—	—	—	1.6	3.1
	14.1	16.2	23.0	23.1	24.5	25.9

7. GOBIERNO

Los ingresos incluyen los gastos del gobierno de los EE.UU. en Honduras, calculados por la Embajada de aquella nación. Se ha estimado que los gastos de las representaciones extranjeras de otras naciones son en conjunto iguales a las de los EE.UU.

Los egresos corresponden a gastos para el sostenimiento de los servicios diplomáticos y consulares en el extranjero, más las contribuciones de Honduras a varias instituciones internacionales como aparacen estos gastos en las cuentas del Gobierno.

8. DIVERSOS

Este renglón contiene: 1) Transferencias de empleados extranjeros residentes en Honduras; 2) Salarios pagados en divisas, y 3) Alquileres pagados por películas. Las cifras son estimaciones basadas sobre datos de operaciones de cambio.

9. DONATIVOS

Los egresos son remesas para familiares y otros hondureños residentes en el extranjero, según las operaciones de cambio oficiales (convertidas a años civiles). Los ingresos representan gastos pagados por el gobierno de los EE.UU. para terminar la Carretera Interamericana. Los datos para 1951 representan una estimación preliminar.

10. TOTAL TRANSACCIONES CORRIENTES

Durante 1951 Honduras tuvo un saldo negativo de 6.5 millones de dólares en sus transacciones corrientes.

11. CAPITAL PRIVADO A LARGO PLAZO

Los datos representan inversiones por compañías extranjeras que operan en Honduras.

La inversión de las compañías fruteras es la misma que se ha indicado en el cuadro 8. La de las otras entidades extranjeras se ha estimado en forma preliminar, con base en los informes de la New York and Honduras Rosario Mining Co. y datos de otras empresas que aparecen en los informes de Hacienda y Fomento.

12. CAPITAL PRIVADO A CORTO PLAZO

Este renglón indica las monedas de los Estados Unidos, El Salvador y Guatemala, retiradas de la circulación por el Banco Central de Honduras y reexportadas. Durante todo el período en estudio han entrado clandestinamente sumas considerables en monedas y billetes extranjeros, pero puesto que no hay datos sobre este movimiento, no se les ha tomado en cuenta en los cuadros.

13.3 VALORES DE INSTITUCIONES OFICIALES

Aquí están representadas las ventas de bonos y acciones de los Estados Unidos en manos de los bancos comerciales que operan en Honduras.

13.4 AMORTIZACION OFICIAL

Las sumas incluídas representan cancelaciones de préstamos extranjeros consignadas en las cuentas gubernamentales como sigue:

CUADRO 10

AMORTIZACIONES

(miles de lempiras)

	1946	1947	1948	1949	1950	1951
Export-Import Bank	180	186	423	43	688	—
Tenedores de Bonos, Londres	323	323	323	323	241	448
Total	503	509	746	366	929	448
Lo mismo en millones de dólares	0.3	0.3	0.4	0.2	0.5	0.2

13.6 OTROS, OFICIALES

La suscripción al Banco Internacional de Reconstrucción y Fomento (1947), se ha incluído aquí así como la utilización del crédito de Propiedad Excedente (Surplus Property) en 1949.

14. CAPITAL A CORTO PLAZO, INSTITUCIONES OFICIALES

Este renglón contiene los incrementos y disminuciones de las existencias de divisas del sistema bancario y del Banco Central y las inversiones de cartera de éste.

ERRORES Y OMISIONES

Es posible que movimientos de capital privado se han efectuado sin ser registrados por las autoridades oficiales. Los exportadores no están obligados a dar cuenta del uso que hacen de las divisas que reciben; las utilizan para pagar importaciones por su propia cuenta o venderlas a otros importadores aunque esta última actividad es ilícita. Bajo estas circunstancias, es difícil controlar la acumulación y utilización de capitales en el extranjero.

La cifra más alta con respecto a los errores y omisiones, a saber, la de 1950, corresponde probablemente a un considerable movimiento de capital privado, proveniente de las grandes ganancias en la exportación del café. Aunque no hay datos exactos sobre los depósitos extranjeros de los hondureños, hay claras indicaciones de que una gran proporción de estas utilidades extraordinarias se ha conservado en bancos norteamericanos.

RESOLUCIONES DEL DIRECTORIO

Resolución para la Constitución de los Primeros Encajes Bancarios

Con base en estudios y con el propósito de facilitar el inicio de las operaciones de banca central, y de acuerdo con los artículos 49, 51 y 69 de la Ley del Banco Central de Honduras, y el artículo 17 de la Ley para Establecimientos Bancarios, el Directorio del Banco Central de Honduras.

RESUELVE:

1º - Fijar, a partir del primero de julio de 1950, los encajes bancarios siguientes:

a) El 25% para los Depósitos Lempiras a la Vista, girables por cheques.

b) 15% para Depósitos Lempiras a Plazo y de Ahorro.

2º - La constitución de los encajes en el Banco Central de Honduras se hará gradualmente, depositando la cuarta parte en cada uno de los siguientes plazos:

Del 1º al 15 de julio;
Del 1º al 15 de septiembre;
Del 1º al 15 de diciembre de 1950; y
Del 1º al 15 de marzo de 1951.

21 de junio de 1950

Traslado al Banco Central de Honduras de los Depósitos Oficiales Constituídos en los Bancos Privados

Se acordó pedir a los respectivos Secretarios de Estado, las órdenes del caso, a fin de que sean traspasados al Banco Central los depósitos oficiales de las oficinas que se detallan a continuación:

Hacienda

a) Tesorería General de la República;
b) Administración de Rentas del Departamento de Francisco Morazán;
c) Receptoría de Rentas del Círculo de Tegucigalpa;
d) Fondo Acumulativo;
e) Fondo de cambios Lempiras 10% de recargo.

Gobernación, Justicia, Sanidad y Beneficencia

a) Ministerio de Gobernación;
b) Pagador de la Policía Nacional;
c) Tesorería del Distrito Central;
d) Tesorería de la Lotería Nacional de Beneficencia;
e) Director de la Penitenciaría Central;
f) Tesorería Especial de Justicia;
g) Servicio Cooperativo Interamericano de Salud Pública;
h) Tesorería del Distrito Central, "Fondo Contaduría de Especies".

Fomento

a) Tesorería Especial de Caminos;
b) Dirección General de Comunicaciones Eléctricas.

Educación Pública

a) Tesorería de Instrucción Pública.

Se acordó, asimismo, dirigirse a los señores Secretarios de Estado pidiéndoles que autoricen temporalmente a las demás oficinas públicas que manejen fondos del Estado para que, hasta nueva gestión, dejen sus depósitos bancarios en las instituciones que actualmente los custodian.

21 de junio de 1950

Tipos de Cambio para la Compra y Venta de Dólares Norteamericanos

Con el fin de unificar los tipos de cambio en toda la República, de acuerdo con los tratados internacionales, y con el próposito de influir favorablemente en el costo de la vida a través de las importaciones, haciendo aplicación del artículo 32 del Decreto Legislativo Nº 53 de 3 de febrero de 1950, el Directorio del Banco Central de Honduras.

RESUELVE:

1º - Fijar los siguientes tipos máximos de cambio para la compra y venta al público, de dólares de Estados Unidos de Norte América, por las instituciones bancarias autorizadas para tal efecto:

COMPRA: 100 dólares norteamericanos por 200 lempiras;

VENTA: 100 dólares norteamericanos por 202 lempiras.

Por ventas menores de 25 dólares norteamericanos se cobrarán L.0.50 de comisión.

Estos tipos de cambio rigen para transferencias postales (giros escritos) y telegráficas, y no incluyen el costo de los mensajes.

2º - Los tipos de cambio para operaciones entre los bancos y el Banco Central de Honduras, serán los siguientes:

COMPRA: 100 dólares norteamericanos por 200 lempiras;

VENTA: 100 dólares norteamericanos por 200 lempiras.

3º - La comisión cambiaria incluída en los tipos de cambio se destribuirá así: el 60% (L. 1.20 por cada 100 dólares norteamericanos) para el banco vendedor, y el 40% restante (L.0.80 por cada 100 dólares norteamericanos) para el Banco Central de Honduras.

4º - La operación de compraventa de cambio queda únicamente sujeta a las informaciones estadísticas destinadas a la estimación de la balanza de pagos del país.

5º - La liquidación de las operaciones cambiarias con el Banco Central de Honduras se hará mensualmente en los formularios y según instrucciones que al efecto emita dicho banco.

6º - Esta resolución debera publicarse en la Gaceta y en los diarios de mayor circulación del país y entrará en vigor el 1º de julio del año 1950.

21 de junio de 1950

Habilitación a los Bancos del País para Negociar en Divisas

Tomando en consideración el informe de la Comisión de Control de Cambios Internacionales y Estabilización del Sistema Monetario, el movimiento de operaciones cambiarias, la localización del comercio de importación y exportación de la República y los cálculos hechos al efecto, el Directorio del Banco Central de Honduras, con base en los artículos 29, 30 y 51 del Decreto Legislativo Nº 53 del 3 de febrero de 1950 y en el artículo 17 de la Ley para Establecimientos Bancarios.

RESUELVE:

1º - Habilitar a partir del 1º de julio de 1950, para operar en cambios por cuenta de este Banco, a las siguientes instituciones de crédito:

a) Banco de Honduras;

b) Banco Atlántida;

c) Banco Nacional de Fomento y

d) El Ahorro Hondureño, S.A.

2º - Autorizar a los mencionados bancos e instituciones de crédito para recibir depósitos bancarios en dólares de los Estados Unidos de Norte América. Estos depósitos deben tener un encaje del 100% de su valor.

21 de junio de 1950

Reglamentación de las Negociaciones de Oro Físico

De conformidad con los artículos 29 y 31 de la Ley del Banco Central de Honduras (Decreto Legislativo Nº 53 de 3 de febrero de 1950) que tratan de la negociación de oro físico en el territorio de la República, el Directorio del Banco Central de Honduras.

RESUELVE:

Art. 1º - Todas las personas que se dediquen a producir, exportar y negociar oro físico en cualquier forma en el territorio nacional, necesitan autorización del Banco Central de Honduras. En consecuencia, deberán solicitar tal permiso durante los treinta días siguientes a la publicación de esta resolución.

Art. 2º - Las personas a que se refiere el artículo anterior quedan obligadas a informar a las oficinas del Banco Central, todo movimiento de oro físico que verifiquen, en forma similar a como lo hacían a la Oficina de Control de Cambios Internacionales y de Estabilización del Sistema Monetario.

Art. 3º - Esta resolución entrará en vigor el mismo día de su publicación.

21 de junio de 1950

Habilitación a los Bancos del País para Negociar en Libras Esterlinas, Colones Salvadoreños y Quetzales

Tomando en consideración el movimiento habido en los últimos años, en divisas europeas y americanas, la importancia de las mismas en la balanza de pagos, y para servir mejor los intereses del público, con base en los artícu- 29, 30, 33, 34 y 35 del Decreto Legislativo Nº 53 del 3 de febrero de 1950, el Directorio del Banco Central de Honduras.

RESUELVE:

1º - Declarar de importancia para la balanza de pagos del país las siguientes divisas extranjeras:

a) Libras esterlinas metropolitanas;

b) Colones salvadoreños; y

c) Quetzales.

2º - Las instituciones habilitadas para operar en cambios, podrán efectuar transacciones en dichas divisas, bajo los mismos tipos establecidos para la compraventa de dólares norteamericanos, de conformidad con las respectivas paridades de dichas monedas con el lempira

3º - Esta resolución deberá publicarse en los diarios de mayor circulación del país y entrará en vigor el 1º de julio de 1950.

21 de junio de 1950.

Tipos de Interés para Créditos Bancarios

Siendo el objeto del Banco Central de Honduras promover las condiciones crediticias que sean más favorables para el desarrollo de la economía nacional, el Directorio del Banco Central, con base en el inciso a) del artículo 19 del Decreto Legislativo Nº 53 de 1950.

RESUELVE:

Fijar para el Crédito Bancario, los tipos de interés que siguen:

1) Tipo de interés máximo sobre préstamos y descuentos en general .... 8% anual

2) Tipo de interés máximo para créditos en cuenta corriente .... 8% anual mas 1% de comisión (para apertura de créditos).

3) Tipo de interés máximo para créditos con garantía hipotecaría, ... 8% más - 1% al año para cubrir costos por tramitación, inspección y vigilancia, sobre el saldo deudor del crédito.

Tasas Preferenciales:

4) Para préstamos de avío:
   a) Hasta 6 meses, ...4%
   b) Hasta 9 meses,...5%
   c) Hasta 18 meses,. 6%

5) Para préstamos refaccionarios, ... 6%

Todos los tipos maximos de interés mencionados arriba serán cobrables por los bancos al público sobre los saldos deudores exclusivamente. Queda prohibido cobrar el interés por adelantado deduciéndolo del monto del préstamo. También queda prohibido a los bancos cobrar, en cualquier forma, más comisiones, tasas o recargos de los que están fijados por esta resolución.

29 de junio de 1950.

Tasas de Redescuento

El Directorio del Banco Central, con base en el inciso c) del artículo 38 del Decreto Nº 53 de 1950, y con el propósito de que las tasas de redescuento constituyan un verdadero incentivo para que los bancos expandan sus operaciones en aquellas líneas económicamente productivas a corto plazo para la comunidad.

RESUELVE:

Fijar los siguientes tipos de redescuento para el Banco Central de Honduras:

1) Tasa general de redescuento, ... 6%

2) Tasas preferenciales:

a) Para préstamos de avío de plazo no mayor de
   1) 6 meses, ... 1%
   2) 9 meses, ... 2%
   3) 12 meses, ... 3%

b) Para préstamos refaccionarios de plazo no mayor de 12 meses, ... 4%
o dos puntos de diferencia con la tasa que cobren los bancos;

c) Préstamos comerciales con plazo hasta de 9 meses, con descuentos provenientes de exportación de productos nacionales o importación de bienes de producción destinada a fomentar la producción agrícola, ganadera o industrial,...... 5%
o dos puntos de diferencia con la tasa que cobren los bancos.

29 de junio de 1950

Resolución sobre Tipos Máximos de Intereses que los Bancos Pagarán por Depósitos a Plazo y de Ahorro

Para estimular el ahorro con vista a la estructura de tipos de intereses de la República y de acuerdo con el inciso a) del artículo Nº 48, el Directorio del Banco Central de Honduras.

RESUELVE:

Fijar los siguientes tipos máximos de interés que los bancos pagarán sobre depósitos, así:

1) Depósitos de ahorro, ... 3% anual;

2) Depósitos a plazo:

a) hasta de seis meses, ... 2% anual;
b) hasta de un año, ... 3% anual;
c) hasta de 2 años, ... 4% anual;

29 de junio de 1950

Resolución Sobre Encajes en Moneda Americana

El Directorio del Banco Central de Honduras acordó:

1º. - Permitir a los bancos privados mantener como encaje moneda americana en custodia en sus oficinas de la Costa Norte, a la orden del Banco Central.

2º. - Prohibir a los bancos privados devolver a la circulación la moneda americana de medio dólar que llegue a sus ventanillas.

25 de agosto de 1950

Autorización a la Oficina de Giros Postales Internacionales Para Negociar Divisas

En vista de la carta del Jefe de la Oficina de Giros Postales Internacionales, el Directorio resolvió: extender su autorización para que aquella oficina pueda negociar divisas de conformidad con las leyes y convenciones que rigen la materia.

1º de diciembre de 1950

Resolución Sobre Tipos Máximos de Interés y Comisión para el Crédito Rural o indirecto Otorgados en el Campo y no en la Sede de las casas Matrices o Sucursales de los Bancos

Siendo uno de los fines del Banco Central de Honduras desarrollar mejores y más amplias facilidades crediticias en zonas del país que, por ahora, no disponen de servicios bancarios; en vista de los elevados gastos que resultan de proporcionar este beneficio al agricultor, y fundado en el inciso a) del artículo 48 del Decreto Legislativo Nº 53 de 1950, el Directorio del Banco Central de Honduras.

RESUELVE:

Fijar los tipos máximos de interés y comisión para el crédito rural o indirecto, entendiéndose por préstamos de esta clase los de dos mil lempiras o menos, otorgados en el campo y no en la sede de las casas matrices o sucursales de los bancos, como sigue:

1) Para préstamos de avío

a) Hasta por 6 meses............................4 % anual más
2 % anual de comisión.

b) Hasta por 9 meses............................5 % anual más
2 % anual de comisión.

c) Hasta por 18 meses... .... 6 % anual más
2 % anual de comisión.

2) Para préstamos refaccionarios 6 % anual más
2 % anual de comisión.

3) Para préstamos hipotecarios, sin limitación de monto 8 % anual más
1 % anual de comisión.

Tanto las tasas de interés aplicables al crédito rural como al crédito directo serán adjudicadas por el destino del crédito y no por su garantía. Todos los tipos máximos de interés y las comisiones arriba mencionadas serán cobrables por los bancos al público sobre los saldos deudores exclusivamente. Queda prohibido cobrar el interés por adelantado deduciéndole del monto del préstamo. También queda prohibido a los bancos cobrar, en cualquier forma, más comisiónes, tasas o recargos que los que se fijan por esta resolución.

Tegucigalpa, D. C. 29 de septiembre de 1950.

Permítese a los Bancos Privados Computar como Encaje Legal Hasta el 25% de su efectivo en la Costa Norte

Para evitar transferencias de dinero de la Costa Norte a Tegucigalpa, que podría causar trastornos monetarios al país, el Directorio de Banco Central resuelve: que, mientras no establezca una sucursal en la Costa Norte, considerará como reserva monetaria, hasta el 25% del encaje legal, el efectivo que los bancos mantengan en las arcas de sus oficinas de la Costa Norte.

2 de marzo de 1951

Tipo Especial de Intereses Moratorios

El Directorio del Banco Central de Honduras, con base en el inciso a) del artículo 48 del Decreto Legislativo Nº 53 de 1950.

RESUELVE:

El sistema bancario no podrá cobrar un tipo especial de intereses moratorios, sino el convenido para la obligación principal; pero sí podrá pactar que los réditos vencidos se capitalicen y devenguen intereses al mismo tipo.

30 de marzo de 1951

Comisiones que Actualmente Cobran los Bancos Privados

El Directorio del Banco Central de Honduras, con base en el artículo 8, letra a), de su ley.

RESUELVE:

Los Bancos privados no podrán aumentar las comisiones actuales ni stablecer nuevas sin previa autorización del Banco Central.

22 de junio de 1951.

Resolución del Banco Central de Honduras sobre los Tipos Máximos de Cambio para la compra-venta de divisas

Con el fin de evitar la circulación de billetes extranjeros en el país, impulsar el uso del giro en las transacciones internacionales e impedir la especulación cambiaria, el Directorio del Banco Central, con base en el párrafo segundo del Art. 32 de su Ley.

RESUELVE:

Art. 1º - Fijar los siguientes tipos máximos de cambio para la compraventa al público, así:

		Compra	*Venta*
a)	*Billetes*	*Compra*	*Venta*
	Dólar	L 1.98	L. 2.02
	Quetzal	,, 1.98	,, 2.02
	Colón	,, .792	,, .808
b)	*Giros*	*Compra*	*Venta*
	Dólar	L 2.00	L 2.02
	Quetzal	,, 2.00	,, 2.02
	Colón	,, .80	,, .808

Art. 2º - Esta resolución entrará en vigor el 1º de mayo de 1951.

27 de abril de 1951

Resolución del Banco Central de Honduras sobre Distribución de la Comisión

"El Directorio del Banco Central, con base en el Art. 32, párrafo tercero, de su Ley.

RESUELVE:

1º - De la Comisión Cambiaria del 1% sobre la compra de billetes dólares, quetzales y colones, corresponderá el .40 al agente autorizado para negociar en cambios, y el .60 al Banco Central.

2º - El Banco Central comprará y venderá al sistema bancario los billetes extranjeros a los siguientes tipos:

	Compra	*Venta*
Dólar	L 1.988	L 2.00
Quetzal	1.988	2.00
Colón	.7952	.80

3º - Cuando el agente compre billetes al público y se los venda directamente, corresponderá al Banco Central como comisión cambiaria el 1%, o sea .60 por la compra y .40 por la venta, a saber:

Dólar	L .02
Quetzal	.02
Colón	.008

Sin embargo, cuando el sistema bancario venda al público billetes comprados al Banco Central, el agente sólo transferirá a éste el .40 de la comisión por la venta.

4º - Los agentes sólo podrán exportar billetes extranjeros en virtud de permiso del Banco Central, quedando obligados a transferirle el .60 de 1% de la comisión cambiaria correspondiente por la compra.

5º - La comisión cambiaria resultante de operaciones de venta, continuará distribuyéndose así: .60 para el agente y .40 para el Banco Central.

6º - Los billetes dólares, quetzales y colones existentes en poder del sistema bancario al cierre de las operaciones el 30 de abril de 1951, serán comprados a la par por el Banco Central.

7º - Esta resolución entrará en vigencia el 1º de mayo de 1951".

27 de abril de 1951.

ESTADOS FINANCIEROS

DEL

BANCO CENTRAL DE HONDURAS

Balance del Banco Central de Honduras

	DIC. 31, 1951	DIC 31, 1950	JULIO 1, 1950
ACTIVO			
Disponibilidades Internacionales			
Oro en el país	L. 218.015.24	L. 218.015.24	
Monedas y Billetes Extranjeros	1.994.069.22	6.917.003.36	
Depósitos a la Vista en el Exterior	2.487.844.99	5.542.961.36	5.785.587.08
Valores y Colocaciones Realizables en Divisas	35.705.488.56	8.477.055.40	
Aporte en Oro al Fondo Monetario Internac.	250.000.00		
Total Reservas Internacionales	L. 40.655.418.01	21.155.035.36	5.785.587.08
Obligaciones			
De Bancos Privados	L. 1.076.032.17	1.614.048.25	1.614.048.2
De Entidades Oficiales	6.000.00		
Total de Obligaciones	L. 1.082.032.17	1.614.048.25	1.614.048.2
Aportes a Instituciones Internacionales	750.00.000		
Bono Consolidación Moneda Metálica	L. 4.209.200 36	4.209.200.36	4.217.082.8
Otros Activos	L. 1.932.554.84	855.743.70	1.743.844.2
TOTAL DEL ACTIVO	L. 48.629.205.38	27.834.027.67	13.390.562.4
PASIVO			
Obligaciones Monetarias			
Emisión Monetaria			
Billetes en Circulación	L. 17.898.042.50	6.951.123.00	3.228.096.5
Moneda Metálica en Circulación	9.281.331.08	8.325.424.10	9.661.700.0
Total Especies Monetarias en Circulación	L. 27.179.373.58	15.276.547.10	12.889.796.5
Depósitos			
De Bancos	10.222.644.74	7.569.255.52	
Del Gobierno	7.501.446 78	3.739.279.14	
De Otras Entidades Oficiales	206.786.07	37.041.19	
Varios	19.129.69	495.05	
Otros Depósitos	1.594.90	3.420.00	
De Bancos del Exterior	111.484 79	39.304.00	
De Otras Instituciones Internacionales	457.398.00	104.600.00	
Total Obligaciones Monetarias	L. 45.699.858.55	26.769.942.00	12.889.796.5
Otras Obligaciones	L. 2.058.300.23	344.733.94	765.9
Otros Pasivos	308.967 00	211.729.04	
Reservas Eventuales	19.950 83	7.622.69	
Capital	L. 542.128.77	500 000 00	500 000.0
TOTAL DEL PASIVO	L. 48.629.205.38	27.834.027.67	13.390.562.4

Banco Central de Honduras - Activo

(en miles de lempiras)

FIN DE	RESERVAS INTERNACIONALES											OBLIGACIONES			Aporte a Instituciones Internacionales	Bono consolidación moneda metálica	Otros Activos	TOTAL
	Aporte en Oro al Fondo Monetario	Oro	Monedas de los E.E. U.U.			Billetes otros Países	Depositos a la Vista			Valores Realizables en Divisas	Total	Bancos Privados	Entidades Oficiales	Total				
			Billetes	Fraccionaria	Total		En Bancos de EE. UU.	En otros países	Total									
	(1)	(2)	(3)	(4)	(5)	(6)	(7)	(8)	(9)	(10)	(11)	(12)	(13)	(14)	(15)	(16)	(17)	(18)
1950																		
Julio ...	—	128[1]	—	—	2.039	—	12.440	—	12.440	—	14.607	1.614	—	1.614	—	4.213	96	20.531
Agosto ...	—	218[2]	19	2.093	2.112	90	5.430	184	5.614	7.999	16.033	1.614	—	1.614	—	4.209	214	22.070
Septiembre ...	—	218	148	3.751	3.899	70	3.987	236	4.223	9.768	18.178	1.614	—	1.614	—	4.209	530	24.532
Octubre ...	—	218	118	4.272	4.390	163	2.230	184	2.414	11.468	18.652	1.614	—	1.614	—	4.209	375	24.850
Noviembre ...	—	218	170	5.098	5.268	109	2.282	183	2.465	11.044	19.104	1.614	—	1.614	—	4.209	1.152	26.080
Diciembre ...	—	218	309	6.215	6.525	393	5.113	429	5.542	8.477	21.155	1.614	—	1.614	—	4.209	856	27.834
1951																		
Enero ...	—	218	404	5.781	6.185	635	3.336	453	3.789	11.134	21.961	1.345	8	1.353	—	4.209	1.008	28.531
Febrero ...	—	218	496	6.313	6.809	414	3.177	618	3.795	11.894	23.130	1.345	8	1.353	—	4.209	1.446	30.138
Marzo ...	—	218	790	5.277	6.067	715	4.348	530	4.878	13.383	25.262	1.345	8	1.353	—	4.209	1.421	32.244
Abril ...	—	218	435	3.532	3.967	190	5.908	442	6.350	14.937	25.661	1.345	5	1.350	—	4.209	1.768	32.989
Mayo ...	—	218	315	2.766	3.081	468	8.493	407	8.900	15.727	28.394	1.345	4	1.350	—	4.209	1.103	35.056
Junio ...	250	218	357	2.250	2.607	307	16.124	740	16.864	15.528	35.774	1.345	11	1.356	750	4.209	1.524	43.613
Julio ...	250	218	119	2.020	2.139	76	6.810	677	7.487	28.518	38.687	1.076	9	1.085	750	4.209	1.500	46.232
Agosto ...	250	218	221	1.527	1.748	271	2.201	764	2.965	34.184	39.636	1.076	9	1.085	750	4.209	1.485	47.165
Septiembre ...	250	218	123	1.453	1.576	298	4.294	162	4.456	33.510	40.308	1.076	8	1.084	750	4.209	1.484	47.836
Octubre ...	250	218	101	1.612	1.713	200	5.592	336	5.928	32.975	41.285	1.076	7	1.083	750	4.209	1.598	48.925
Noviembre ...	250	218	72	1.899	1.971	289	3.560	304	3.864	35.443	42.035	1.076	7	1.083	750	4.209	2.063	50.140
Diciembre ...	250	218	73	1.675	1.748	246	2.403	85	2.488	35.705	40.655	1.076	6	1.082	750	4.209	1.933	48.629

1/ Valuado a L 41.34 la onza.

2/ Revaluado a L 70.00 la onza.

Banco Central de Honduras - Pasivo

(en miles de lempiras)

FIN DE	OBLIGACIONES MONETARIAS								CAPITAL	Reservas Eventuales	Obligaciones en Divisas	Otras Obligaciones	Otros Pasivos	TOTAL
	EMISION			DEPOSITOS				TOTAL						
	Moneda	Billetes	Total	Bancarios	Oficiales	Instituciones Internacionales y Bancos Exterior	Total							
	(1)	(2)	(3)	(4)	(5)	(6)	(7)	(8)	(9)	(10)	(11)	(12)	(13)	(14)
1950														
Julio	8.538	3.989	12.527	3.024	4.476	—	7.500	20.027	500	4	—	—	—	20.531
Agosto	7.963	4.578	12.541	4.497	4.301	106	8.904	21.445	500	4	—	—	121	22.070
Septiembre	7.570	5.364	12.934	6.146	4.452	146	10.744	23.678	500	4	—	195	155	24.532
Octubre	7.706	5.889	13.595	6.183	4.041	146	10.370	23.965	500	4	—	228	154	24.850
Noviembre	8.320	6.155	14.475	5.965	4.536	144	10.645	25.121	500	4	—	273	182	26.080
Diciembre	8.325	6.951	15.277	7.569	3.780	144	11.493	26.770	500	8	—	345	212	27.834
1951														
Enero	8.698	7.033	15.731	6.841	4.627	144	11.612	27.343	522	8	7	489	162	28.531
Febrero	8.611	8.511	17.122	6.996	4.493	144	11.633	28.755	522	8	6	673	174	30.138
Marzo	9.479	9.808	19.287	6.947	4.315	146	11.408	30.695	522	8	5	838	176	32.244
Abril	8.888	11.323	20.211	6.770	4.319	146	11.235	31.447	522	8	3	826	182	32.989
Mayo	9.326	12.262	21.588	7.229	4.916	146	12.291	33.878	522	7	3	442	203	35.056
Junio	9.433	12.627	22.060	9.227	9.597	504	19.328	41.388	522	7	2	1.480	213	43.613
Julio	9.331	13.646	22.977	10.618	9.870	514	21.002	43.979	522	7	6	1.402	316	46.232
Agosto	9.267	14.818	24.085	11.365	8.342	561	20.269	44.353	522	7	5	1.974	303	47.165
Septiembre	9.317	15.240	24.556	11.638	8.287	562	20.487	45.044	522	7	3	1.928	332	47.836
Octubre	9.197	16.398	25.595	11.850	8.118	532	20.500	46.095	522	7	3	1.907	391	48.925
Noviembre	9.357	17.294	26.651	11.667	8.415	544	20.626	47.277	522	7	2	1.897	435	50.140
Diciembre	9.281	17.898	27.179	10 223	7.728	569	18.521	45.700	542	20	—	2.058	309	48.629

Banco Central de Honduras
Estado de Pérdidas y Ganancias

		1951		1950 1/
INGRESOS DE OPERACION				
Cambio	L.	282.327.51	L	121.114.91
Comisiones		3.932.89		930.09
Intereses		298.707.45		36.759.26
Otros Ingresos		13.374.94		383.61
TOTAL INGRESOS DE OPERACION	L.	598 342.79	L	159.187.87
GASTOS DE OPERACION				
De Administración	L.	250.929.71	L	70.699.88
Publicidad		7.477.84		913.80
Subvenciones y Estudios		24.243.06		6.399.65
Gastos Varios		100.385.78		18.845.28
TOTAL GASTOS DE OPERACION	L.	383.036.39		96 858.61
GANANCIAS DE OPERACION	L.	215.306.40		62.329.26
DEDUCCIONES:				
Reservas	L.	26.323.40		
Depreciaciones y Amortizaciones		88.687.89		18.133.36
TOTAL DEDUCCIONES	L.	115.011.29		18.133.36
GANANCIA LIQUIDA	L.	100.295.11		44.195·90

1/ Comprende de Julio a Diciembre 1950.

Banco Central de Honduras

APORTES A ORGANIZACIONES INTERNACIONALES EN NOMBRE DEL GOBIERNO

Fondo Monetario Internacional				
Aporte en Oro	$ 125.000.00	L. 250.000.00		
Aporte en Moneda Nacional		„ 750.000.00	L. 1.000.000.00	
Banco Internacional de Reconstrucción y Fomento				
Aporte en Dólares	$ 20.000.00	L. 40.000.00		
Aporte en Moneda Nacional.		„ 360.000.00	L. 400.000.00	
			L. 1.400.000.00	

MONEDA Y BANCOS

Estado Consolidado del Sistema Bancario

(en miles de lempiras)

ACTIVO	31 Diciembre 1951	31 Diceimbre 1950	1o Julio 1950
DISPONIBILIDADES INTERNACIONALES			
Billetes y Monedas Extranjeras	755.00	986.00	2.720.00
Bancos del Exterior	3.232.00	2.947.00	6.502.00
Valores Extranjeros	1.140.00	1.927.00	3.213.00
Total	5.127.00	5.860.00	12.435.00
DISPONIBILIDADES INTERNAS			
Billetes y Monedas Nacionales	5.542.00	3.892.00	5.758.00
Depósitos en el Banco Central	10.184.00	7.576.00	
Depósitos Interbancarios	840.00	101.00	316.00
Otras Disponibilidades	399.00	59.00	78.00
Total	16.965.00	11.628.00	6.152.00
CREDITO INTERNO			
Préstamos: Garantía Hipotecaria	16.051.00	15.923.00	
Garantía Prendaria	1.253.00	3.754.00	
Garantía Fiduciaria	3.571.00	672.00	
Total Préstamos	20.875.00	20.349.00	19.960.00
Descuento de Documentos	1.214.00	607.00	144.00
Inversiones	50.00	43.00	25.00
Total	22.139.00	20.999.00	20.129.00
OTROS ACTIVOS	3.280.00	2.287.00	930.00
TOTAL ACTIVO	47.511.00	40.774.00	39.646.00
PASIVO			
OBLIGACIONES INTERNACIONALES			
Bancos del Exterior	17.00	23.00	216.00
Depósitos en Monedas Extranjeras	1.00	1.00	
Otras Obligaciones Moneda Extranjera	1.086.00	1.120.00	434.00
Total	1.104.00	1 144.00	650.00
OBLIGACIONES EN EL PAIS			
Depósitos Sujetos a retiro por Cheque	22.310.00	18.509.00	21.574.00
Depósitos Varios	6.698.00	5.998.00	5.836.00
Obligaciones con el Banco Central	1.076.00	1 614 00	1.614.00
Otras Obligaciones	339.00	799.00	106.00
Total	30.423.00	26.920.00	29.130.00
OTROS PASIVOS	2.650.00	2.115.00	256.00
CAPITAL Y RESERVAS			
Capital	7.476.00	5.434.00	3.200.00
Reservas de Capital	3.125.00	3.095.00	2.870.00
Otras Reservas	2.733.00	2.066.00	3.540.00
Total	13.334.00	10.595.00	9.610.00
TOTAL PASIVO	47.511.00	40.774.00	39.646.00

Sistema Bancario

(en miles de lempiras)

ACTIVO

FIN DE	DISPONIBILIDADES INTERNACIONALES					DISPONIBILIDADES INTERNAS					CREDITO INTERNO							Otros Activos	Cargos Diferidos	TOTAL
											PRESTAMOS									
	Bancos del Exterior	Billetes y Monedas Extranjeras	Giros Comprados	Valores Extranjeros	Total	Billetes y Monedas Nacionales	Depósitos en Mon. Nac. en el Bco. Central	Otras Disponibilidades	Depósitos Interbancarios	Total	Con Garantía Hipotecaria	Con Garantía Fiduciaria	Con Garantía Prendaria	Total	Descuento de Documentos	Inversiones	Total			
	(1)	(2)	(3)	(4)	(5)	(6)	(7)	(8)	(9)	(10)	(11)	(12)	(13)	(14)	(15)	(16)	(17)	(18)	(19)	(20)
1951																				
Enero	3.387	1.478	2	1.927	6.794	3.073	7.543	225	159	11.000	15.885	3.627	798	20.310	725	52	21.088	2.542	131	41.555
Febrero	4.013	960	1/	1.329	6.302	3.243	7.427	204	274	11.148	15.841	3.371	852	20.064	856	55	20.975	2.625	138	41.188
Marzo	3.480	1.273	39	1.329	6.121	3.300	7.090	133	302	10.825	15.843	2.986	950	19.779	1.132	43	20.954	2.343	136	40.379
Abril	3.894	1.750	4	1.329	6.977	2.717	7.079	878	313	10.987	15.864	2.940	1.000	19.804	1.296	43	21.143	2.307	134	41.548
Mayo	4.427	1.981	22	1.329	7.759	3.666	7.310	275	283	11.534	15.798	2.685	999	19.482	1.070	43	20.595	2.538	136	42.562
Junio	4.290	1.496	27	1.329	7.142	3.482	9.290	522	365	13.659	15.834	2.581	1.019	19.434	1.103	43	20.580	2.292	168	43.841
Julio	4.690	1.437	30	1.329	7.486	4.278	10.565	532	460	15.835	15.474	2.685	978	19.137	1.051	43	20.231	2.482	177	46.211
Agosto	4.299	1.607	2	1.329	7.237	4.728	11.270	552	567	17.117	15.326	2.985	911	19.222	1.008	50	20.280	3.061	195	47.890
Septiembre	3.538	1.866	52	1.329	6.785	4.684	11.645	284	645	17.258	15.467	2.978	1.010	19.455	894	50	20.399	2.801	207	47.450
Octubre	3.694	1.623	64	1.329	6.710	4.521	11.962	585	699	17.767	15.795	3.074	1.012	19.881	1.029	50	20.960	2.880	196	48.512
Noviembre	3.436	964	5	1.131	5.536	5.123	11.645	717	734	18.219	15.720	3.464	1.080	20.264	1.190	50	21.504	2.703	203	48.164
Diciembre	3.232	754	10	1.131	5.127	5.542	10.184	399	840	16.965	16.050	3.571	1.254	20.875	1.213	50	22.138	3.054	227	47.511

1/ Menos de L. 500.

Sistema Bancario

(en miles de lempiras)

PASIVO

FIN DE	OBLIGACIONES INTERNACIONALES				OBLIGACIONES EN EL PAIS					Créditos Diferidos	Otros Pasivos	CAPITAL Y RESERVA				TOTAL
	Bancos del Exterior	Depósitos en Moneda Extranjera	Otras Obligaciones en Moneda Extranjera	Total	Depósitos sujetos a retiro por cheques	Depósitos Varios	Obligaciones con el Banco Central	Otras Obligaciones en Moneda Nacional	Total			Capital	Reservas de Capital	Otras Reservas	Total	
	(1)	(2)	(3)	(4)	(5)	(6)	(7)	(8)	(9)	(10)	(11)	(12)	(13)	(14)	(15)	(16)
1951																
Enero	50	1	1.045	1.096	19.591	5.976	1.345	652	27.564	66	1.783	5.502	3.093	2.451	11.046	41.555
Febrero	27	1	1.208	1.236	18.953	5.995	1.345	684	26.977	61	1.922	5.548	3.095	2.350	10.993	41.188
Marzo	84	1	1.125	1.210	18.152	6.055	1.345	547	26.099	59	2.127	5.500	3.095	2.289	10.884	40.379
Abril	30	1	1.113	1.144	19.311	6.061	1.345	473	27.191	53	2.301	5.572	3.095	2.193	10.859	41.548
Mayo	162	1	1.291	1.454	19.561	6.134	1.345	517	27.557	47	2.517	5 701	3.095	2.191	10.987	42.562
Junio	34	1	1.073	1.108	20.512	6.214	1.345	321	28.392	198	1.938	6.522	3.132	2.551	12.205	43.841
Julio	12	1	1.305	1.318	22.419	6.216	1.076	429	30.140	54	2.231	6.772	3.103	2.593	12.468	46.211
Agosto	5	1	1.072	1.078	23.562	6.353	1 076	966	31.957	53	2.354	6.853	3.104	2.491	12.448	47.890
Septiembre	6	1	1.331	1.338	23.308	6.423	1.076	250	31.057	53	2.499	6.968	3.104	2.431	12.503	47.450
Octubre	13	1	1.543	1.557	23.469	6.525	1.076	509	31.579	54	2.692	7.096	3.104	2.430	12.630	48.512
Noviembre	20	1	1.302	1.323	23.380	6.563	1.076	285	31.304	47	2.824	7.132	3.104	2.430	12.666	48.164
Diciembre......	17	1	1.086	1.104	22.310	6.698	1.076	340	30.424	203	2.446	7.476	3.125	2.733	13.334	47.511

Bancos Comerciales - Reservas Monetarias

(en miles de lempiras)

FIN DE	Encaje Legal	Moneda Lempira	Exceso o Déficit de Reserva Moneda Nacional	Incluyendo Moneda de los EE. UU. 1/	EXCESO DE RESERVA	
					Actual	Porcentual 4/
	(1)	(2)	(3)	(4)	(5)	(6)
1936	2.088	2.502	+ 414	——	——	20%
1937	2.356	6.270	+3.914	——	——	166%
1938	2.294	5.717	+3.423	——	——	149%
1939	2.457	5.730	+3.273	——	——	133%
1940	2.483	5.416	+2.933	——	——	118%
1941	2.621	4.790	+2.169	——	——	83%
1942	3.479	4.091	+ 612	——	——	18%
1943	4.616	4.085	— 531	1.062	+ 531	12%
1944	6.187	5.239	— 948	1.299	+ 351	6%
1945	7.122	6.035	—1.087	1.733	+ 646	9%
1946	7.755	6.660	—1.095	1.790	+ 695	9%
1947	7.755	6.519	—1.236	3.104	+1.868	24%
1948	7.994	6.639	—1.355	2.283	+ 928	12%
1949	7.956	7.187	— 769	3,165	+2.396	30%
1950						
Febrero	7.910	6.989	— 921	3.622	+2.701	34%
Marzo	7.800	7.002	— 798	3.167	+2.369	30%
Abril	8.156	7.103	—1.053	3.267	+2.214	27%
Mayo	8.189	6.562	—1.627	3.326	+1.699	21%
Junio 2/	6.168	5.663	— 505	2.558	+2.053	33%
Julio	5.815	6.547 3/	+ 732	1.969	+2.701	46%
Agosto	5.855	6.155 3/	+ 300	2.972	+3.272	56%
Septiembre	5.845	7.407 3/	+1.562	1.515	+3.077	53%
Octubre	5.763	7.731 3/	+1.968	1.542	+3.510	61%
Noviembre	5.623	7.180 3/	+1.557	1.869	+3.426	61%
Diciembre	5.447	8.911 3/	+3.464	1.432	+4.896	90%
1951						
Enero	5.575	8.871 3/	+3.296	1.206	+4.502	81%
Febrero	5.415	9.051 3/	+3.636	769	+4.405	81%
Marzo	5.300	8.897 3/	+3.597	1.003	+4.600	87%
Abril	5.558	8.315 3/	+2.757	1.555	+4.312	78%
Mayo	5.638	9.421 3/	+3.783	1.753	+5.536	98%
Junio	5.851	10.736 3/	+4.885	1.414	+6.299	107%
Julio	6.334	12.925 3/	+6.591	1.297	+7.888	125%
Agosto	6.630	14.207 3/	+7.577	1.451	+9.028	136%
Septbre.	6.551	14.872 3/	+8.321	1.767	+10.088	154%
Octubre	6.596	15.136 3/	+8.540	1.523	+10.063	153%
Noviem.	6.608	15.401 3/	+8.793	859	+9.652	146%
Diciem.	6.332	14.540 3/	+8.208	603	+8.811	139%

1/ Hasta Marzo de 1937 toda la moneda de los EE. UU. A. se admitió como reserva legal. Entre Junio de 1937 y Marzo 1943, la moneda de los EE. UU. A. no tuvo curso legal. Después de 1943 solamente la moneda metálica de los EE. UU. fué introducida oficialmente en circulación, pero su legalidad para encaje bancario quedó dudosa hasta Julio 1, 1950, en que el Banco Central la admitió como encaje.

2/ Derecho de emisión, contra el cual anteriormente los bancos deberían mantener 50% encaje, traspasado al Banco Central el 30 de Junio. Encaje de 25% contra depósitos a la vista y c/ corrientes, como encaje de 15% contra depósitos a plazo y ahorro, fueron mantenidos al mismo nivel con la fundación del Banco Central.

3/ Incluye depósitos en el Banco Central.

4/ Hasta Dic. 42 col. 3 dividida por col. 1, después col. 5 dividida por col. 1.

Préstamos y Descuentos Bancarios

(en miles de lempiras)

FIN DE	Banco Atlántida	Banco de Honduras	Banco de Occidente	Ahorro Hondureño 1/	Capitalizadora Hondureña	Banco Nacional de Fomento	Total
	(1)	(2)		(3)	(4)	(5)	(6)
1936	4.544	1.642		680			6.866
1937	3.550	1.651		801			6.002
1938	3.167	1.682		832			5.681
1939	4.484	1.518		988			6.990
1940	4.390	1.607		1.048			7.045
1941	4.620	1.879		1.127			7.626
1942	4.055	2.010		1.039			7.104
1943	3.808	1.746		945			6.499
1944	4.054	1.981		1.002			7.037
1945	4.565	1.976		1.371			7.912
1946	7.758	2.495		1.842			12.095
1947	12.324	3.532		2.038			17.894
1948	11.990	3.506		2.366	100		17.962
1949	14.518	4.074		2.737	524		21.853
1950							
Marzo	15.701	3.993		2.752	686		23.132
Abril	15.493	3.927		2.653	744		22.817
Mayo	15.124	3.846		2.650	785		22.405
Junio	14.416	3.888		2.633	803		21.740
Julio	14.688	3.888		963	843		20.328
Agosto	15.054	4.054		937	910	2	20.957
Septiembre	15.149	4.039		945	963	104	21.200
Octubre	15.090	4.289		940	1.103	129	21.551
Noviembre	15.028	4.429		946	1.228	252	21.883
Diciembre	14.662	4.266		955	1.270	390	21.543
1951							
Enero	14.893	4.196		937	1.325	535	21.886
Febrero	14.560	4.170		963	1.331	649	21.673
Marzo	14.293	4.338		926	1.334	788	21.679
Abril	14.202	4.310		914	1.362	832	21.620
Mayo	13.423	4.359		909	1.403	880	20.974
Junio	12.952	4.359		936	1.435	1.052	20.734
Julio	12.694	4.091		952	1.459	1.228	20.424
Agosto	13.181	4.158		912	1.471	1.373	21.095
Septiembre	12.222	4.307	12	895	1.494	1.565	20.495
Octubre	12.337	4.518	36	883	1.569	1.775	21.118
Noviembre	12.623	4.655	57	872	1.610	1.833	21.650
Diciembre	12.937	4.728	78	873	1.631	1.940	22.187

1/—Desde julio de 1950 sólo Caja de Ahorros, antes incluye Sección Seguros.

Analisis de los Créditos Concedidos por El Sistema Bancario en 1951

(en miles de lempiras)

	Enero a Marzo	Abril a Junio	Julio a Sept.	Octubre a Dicbre.	TOTAL
I - POR BANCOS					
Banco Atlántida	2.314	2.328	.031	4.504	12.177
Banco de Honduras	706	878	995	1.168	3.807
Banco de Occidente	–	–	7	44	51
Banco Nacional de Fomento	410	337	436	354	1.537
Ahorro Hondureño	124	150	79	57	410
Capitalizadora Hondureña	54	108.	155	100	417
TOTAL	3.608	3.801	4.703	6.227	18.399
II - POR DESTINO					
Comercio	2.423	2.408	2.837	3.588	11.256
Industria	150	43	95	243	531
Agricultura	196	177	269	310	952
Ganadería	82	51	69	112	314
Construcciones	248	321	406	330	1.305
Para Compra de Propiedades:					
a) Urbanas, uso propio	180	255	241	162	83
b) Urbanas, para alquiler	8	6	10	17	41
c) Rural, uso propio	90	57	3	9	159
Para Pagar deudas a Particulares	182	168	170	302	822
Para Pagar deudas a Bancos	39	219	470	1.061	1.789
Otros Usos (Consumo)	70	96	133	93	392
TOTAL	3.668	3.801	4.703	6.227	18.399
III - CLASIFICACION GEOGRAFICA					
Francisco Morazán	1.680	2.052	2.442	3.104	9.278
Cortés	1.183	1.265	1.382	2.118	5.948
Atlántida	224	187	422	587	1.420
Santa Bárbara	28	42	106	57	233
Copán	17	25	13	44	99
Islas de la Bahía	3	2	–	7	12
Yoro	11	29	33	5	78
El Paraíso	46	23	32	39	140
La Paz	28	10	63	10	111
Comayagua	63	46	84	60	253
Valle	32	3	23	1	59
Olancho	2	9	2	7	20
Choluteca	33	42	55	111	241
Colón	3	–	34	–	37
Ocotepeque	–	–	6	12	18
Lempira	–	–	4	–	4
Intibucá	14	–	2	4	20
Estados Unidos	254	65	–	1	320
El Salvador	44	–	–	28	72
Costa Rica	3	–	–	1	4
Guatemala	–	1	–	–	1
Cuba	–	–	–	31	31
TOTAL	3.668	3.801	4.703	6.227	18.399

Analisis de los Créditos Concedidos por El Sistema Bancario en 1951

(en miles de lempiras)

	Enero a Marzo	Abril a Junio	Julio a Sept.	Oct. a Dic.	TOTAL
IV - POR GARANTIA					
Hipotecaria Urbana	939	1.288	1.742	2.040	6.009
Hipotecaria Rural	286	237	400	422	1.345
Fiduciaria Personal	1.019	826	1.457	2.279	5.581
Fiduciaria Valores	4	—	7	12	23
Prendaria con Desplazamiento	—	—	2	49	51
Prendaria sin Desplazamiento	340	208	278	384	1.210
Descuento de Documentos	1.080	1.242	817	1.041	4.180
TOTAL	3.668	3.801	4.703	6.227	18.399
V - POR MONTOS					
10 a 100		1	1	4	6
101 a 500	50	58	79	73	260
501 a 1.000	138	154	171	169	632
1.001 a 2.000	272	256	309	342	1.179
2.001 a 3.000	202	222	241	296	961
3.001 a 4.000	139	170	176	242	727
4.001 a 5.000	226	278	209	251	1.054
5.001 a 10.000	472	683	707	783	2.645
10.001 a 20.000	525	430	775	833	2.563
20.001 a 30.000	355	363	332	470	1.520
30.001 a 40.000	148	147	324	315	934
40.001 a 50.000	150	291	226	290	957
50.001 a 100.000	991	748	1.063	1.972	4.774
100.001 a más	—	—	—	187	187
TOTAL	3.668	3.801	4.703	6.227	18.399
VI - POR PLAZOS					
30 días	284	255	306	279	1.124
60 "	129	333	139	280	881
90 "	1.181	699	453	257	2.590
120 "	231	98	156	319	804
150 "	154	147	75	185	561
180 "	1.148	1.085	2.051	2.432	6.716
1 año	119	317	584	1.073	2.093
2 años	87	247	211	275	820
3 años	81	182	141	325	729
4 años	38	128	177	532	875
5 años	86	274	200	211	861
6 años	3	11	2	11	27
7 años	91	25	76	48	240
8 años	2	—	—	—	2
9 años	—	—	—	—	—
10 años	34	—	42	—	76
TOTAL	3.668	3.801	4.703	6.227	18.399

Medio Circulante

(en miles de lempiras)

FIN DE	NUMERARIO EN CIRCULACION: Moneda 1/ Metálica de los EE. UU.	Moneda Lempira	Billetes Lempiras	Total (1-2-3)	Depósitos Sujetos 2/ A Retiro por Cheques		Total del Medio Circulante
	(1)	(2)	(3)	(4)	(5)		(6)
1936	500	2.820	2.031	5.351	2.870		8.221
1937	500	3.271	1.982	5.753	4.205		9.958
1938	500	3.805	1.794	6.099	4.548		10.647
1939	500	3.849	1.577	5.926	5.641		11.567
1940	500	4.165	1.509	6.174	5.869		12.043
1941	500	4.792	1.693	6.985	5.816		12.801
1942	500	5.490	2.170	8.160	8.347		16.507
1943	3.583	5.578	2.177	11.338	12.652		23.990
1944	6.227	4.380	2.729	13.336	17.358		30.694
1945	9.287	3.599	2.831	15.717	20.422		36.139
1946	10.450	2.985	2.960	16.395	22.671		39.066
1947	10.186	3.096	2.979	16.261	21.581		37.842
1948	11.105	2.772	3.241	17.118	22.567		39.685
1949	13.062	2.458	3.203	18.723	22.375		41.098
1950							
Febrero	12.355	2.667	3.191	18.213	22.240		40.453
Marzo	12.610	2.657	3.194	18.461	21.771		40.232
Abril	12.510	2.557	3.176	18.243	23.255		41.498
Mayo	12.451	3.100	3.162	18.713	23.414		42.127
Junio	13.219	3.998	3.228	20.445	21.574		42.019
					Privados 3/	Oficiales	
Julio	11.950	3.600	3.902	19.452	20.168	4.474	44.094
Agosto	10.715	4.448	4.431	19.594	20.344	4.300	44.238
Septiembre	10.510	4.786	5.168	20.464	20.320	4.449	45.233
Octubre	9.769	4.674	5.587	20.030	19.958	4.038	44.026
Noviembre	9.809	5.902	5.891	21.602	19.392	4.532	45.526
Diciembre	7.735	5.768	6.394	19.897	18.649	3.776	42.322
1951							
Enero	7.584	6.011	6.676	20.271	19.238	4.623	44.132
Febrero	6.973	6.121	7.796	20.890	18.590	4.489	43.969
Marzo	6.856	7.134	8.898	22.888	18.119	4.311	45.318
Abril	6.662	6.774	10.750	24.186	19.173	4.303	47.662
Mayo	6.589	6.350	11.648	24.587	19.465	4.899	48.951
Junio	6.552	6.919	11.683	25.154	20.346	9.567	55.067
Julio	6.477	6.594	12.139	25.210	22.259	9.843	57.312
Agosto	6.101	6.426	13.004	25.531	23.439	8.342	57.312
Septiembre	5.305	6.230	13.703	25.238	23.177	8.275	56.690
Octubre	4.514	6.771	14.430	25.715	23.387	8.108	57.210
Noviembre	4.092	6.668	15.032	25.792	23.334	8.404	57.530
Diciembre	3.669	6.589	15.187	25.445	22.185	7.708	55.338

1/ La moneda de los EE. UU. en circulación es estimada para el período de Dic. 1936 a Dic. 1942. Desde 1943 todo el registro de las monedas de los EE. UU. fué reportado por la Comisión de Control de Cambios.

2/ Incluye depósitos oficiales.

3/ Incluye depósitos sujetos a retiros por cheques en el Banco Nacional de Fomento desde Julio 1950, y depósitos en el Banco de Occidente desde Septiembre 1951, las respectivas fechas de sus fundaciones.

Medios de Pago
(en miles de lempiras)

FIN DE	MEDIO CIRCULANTE						OTROS MEDIOS DE PAGO			TOTAL
	NUMERARIO EN CIRCULACION				Depósitos sujetos a retiro por cheque	Total del Medio Circulante	Billetes y Monedas en Caja de los Bancos	Billetes Interbancarios	TOTAL 1/	
	Moneda Metalica de los EE. UU.	Moneda Lempira	Billetes Lempira	TOTAL						
	(1)	(2)	(3)	(4)	(5)	(6)	(7)	(8)	(9)	(10)
1936	500	2.820	2.031	5.351	2.870	8.221			2.502	10.723
1937	500	3.271	1.982	5.753	4.205	9.958			6.457	16.415
1938	500	3.805	1.794	6.099	4.548	10.647			5.847	16.494
1939	500	3.849	1.577	5.926	5.641	11.567			5.784	17.351
1940	500	4.165	1.509	6.174	5.869	12.043			5.467	17.510
1941	500	4.792	1.693	6.985	5.816	12.801			4 911	17.712
1942	500	5 490	2.170	8.160	8.347	16.507			4.256	20.763
1943	3.583	5.578	2.177	11.338	12.652	23.990			5.330	29.320
1944	6.227	4 380	2.729	13 336	17.358	30.694	6.700	19	6.719	37.413
1945	9 287	3.599	2.831	15.717	20.422	36.139	7.806	2	7.808	43.947
1946	10 450	2 985	2.960	16.395	22.671	39.066	8.542	46	8 588	47.654
1947	10.186	3.096	2 979	16 261	21.581	37.842	9.707	15	9.722	47.564
1948	11.105	2 772	3.241	17.118	22.567	39.685	9.137	2	9 139	48.824
1949	13.062	2.458	3.203	18.723	22.375	41.098	10.416	2	10.418	51.516

FIN DE	MEDIO CIRCULANTE						OTROS MEDIOS DE PAGO				TOTAL
	NUMERARIO EN CIRCULACION				Depósitos del público retirables por cheque	TOTAL	Depósitos oficiales en el Banco Central	Depósitos Interbancarios	Billetes y Monedas en Caja de los Bancos 1/	TOTAL	
	Moneda Metalica de los EE. UU.	Moneda Lempira	Billetes Lempira	TOTAL							
1950											
Julio	11.950	3.600	3.902	19.452	20.168	39.620	4.474	3.024	7.172	14.670	54.290
Diciembre	7.735	5.768	6.394	19.897	18.649	38.546	3.920	7.569	4.754	16.243	54.789
1951											
Enero	7.584	6.011	6.676	20.271	19.238	39.509	4.768	6.841	4.522	16.131	55.640
Febrero	6.973	6.121	7.796	20.890	18.590	39.480	4.633	6.996	4.167	15.796	55.276
Marzo	6.856	7.134	8.898	22.888	18.119	41.007	4.457	6.947	4.528	15.932	56.939
Abril	6.662	6.774	10.750	24.186	19.173	43.359	4.449	6.770	4.438	15.657	59.016
Mayo	6.589	6.350	11.648	24.587	19.465	44.052	5.045	7.229	5.570	17.844	61.896
Junio	6.552	6.919	11.683	25.154	20.346	45.500	10.071	9.227	4.954	24.252	69.752
Julio	6.477	6.594	12.139	25.210	22.259	47.469	10.356	10.618	5.676	26.650	74.119
Agosto	6.101	6.426	13.004	25.531	23.439	48.970	8.888	11.365	6.261	26.514	75.484
Septiembre	5.305	6.230	13.703	25.238	23.177	48.415	8.837	11.638	6.467	26.942	75.357
Octubre	4.514	6.771	14.430	25.715	23.387	49.102	8.639	11.850	5.989	26.478	75.580
Noviembre	4.092	6.668	15.032	25.792	23.334	49.126	8.948	11.667	5.902	26.517	75.643
Diciembre	3.669	6.589	15.187	25.445	22.185	47.630	8.276	10.223	6.142	24.641	72.271

Moneda Americana Importada y Reexportada *

(en miles de lempiras)

FECHA	PLATA 1.00 (US $ 0.50)	PLATA L. 0.50 (US $ 0.25)	PLATA L. 0.20 (US $ 0.10)	NIQUEL L. 0.10 (US $ 0.05)	COBRE L 0.02 (US $ 0.01)	Total Importada y Reexportada		Total Acumulativo
	(1)	(2)	(3)	(4)	(5)	(6)		(7)
Importaciones:								
1943	4.645.2	—	—	—	—	4.645.2		4.645.2
1944	2.816.0	—	60.0	—	4.0	2.880.0		7.525.2
1945	3.428.8	—	50.0	—	16.0	3.494.8		11.020.0
1946	1.150.0	—	50.0	—	20.0	1.220.0		12.240.0
1947	980.0	—	50.0	20.0	—	1.050.0		13.290.0
1948	808.0	200.0	50.0	20.0	20.0	1.098.0		14.388.0
1949	1.839.0	—	—	—	—	1.839.0		16.227.0
Total Moneda Importada	**15.667.0**	**200.0**	**260.0**	**40.0**	**60.0**	**16.227.0**		
						TOTAL MONEDA AMERICANA REEXPORTADA: Reexportación de la Importada Oficialmente	TOTAL MONEDA AMERICANA REEXPORTADA: Reexportación de la Importada Clandestinamente	
Reexportaciones:								
1950								
Febrero	450.0	—	—	—	—	450.0	—	15.777.0
Diciembre	1.200.0	—	—	—	—	1.200.0	—	14.577.0
1951								
Enero	1.000.0	—	—	—	—	1.000.0	—	13.577.0
Febrero	800.0	—	—	—	—	800.0	—	12.777.0
Marzo	800.0	—	—	—	—	800.0	—	11.977.0
Abril	1.600.0	—	—	—	—	1.600 0	—	10.377.0
Mayo	500.0	—	—	—	—	500.0	—	9.877.0
Junio	—	56.0	144.0	—	—	200.0	—	9.677.0
Julio	308.0	28.0	62.0	2.0	0.6	400.6	—	9.276.4
Agosto	382.0	4.0	14.0	—	—	400.0	—	8.876.4
Septbre.	270.0	30.0	42.0	14.4	0.1	354.5	2.0	8.521.9
Octubre	1.267.2	10.0	20.0	—	2.8	1.280.0	20.0	7.241.9
Noviembre	808.0	16.0	8.0	2.0	0.3	826.3	8.0	6.415.6
Diciembre	444.0	20.0	4.0	5.0	—	469.0	4.0	5.946.6
Total Moneda Reexportada	**9.829.2**	**164.0**	**294.0**1/	**23.4**	**3.8**	**10.280.4**	**31.0**	
Existencia en el País:								
Al 31 de Diciembre de 1951	**5.837 8**	**36.0**	1/	**16.6**	**56.2**			**5.946.6**

* Por Decreto Legislativo Nº 7 del 16 de Noviembre de 1943 y subsiguientes ampliaciones y bajo Artículo 71 de la Ley del Banco Central de Honduras respectivamente.

1/ Debido a importaciones clandestinas de U. S. $ 0.10 de El Salvador, donde también circula tal moneda, la reexportación sobrepasa la importación oficial; y a base de muestra hay evidencia de que sigue en circulación en Honduras en fuertes cantidades.

Moneda Lempira Acuñada

FECHA	PLATA 1/			NIQUEL 2/		COBRE 3/		TOTAL
	L. 1.00	0 50	0.20	10.0	0.05	0.02	10.0	ACUMULATIVO
1931	L. 550.000	250.000	200.000	—	100.000	—	—	1.100.000
1932	1.000.000	550.000	150.000	150.000	50.000	—	—	3.000.000
1933	400.000	—	—	—	—	—	—	3.400.000
1934	600.000	—	—	—	—	—	—	4.000.000
1935	1 000.000	—	—	—	—	—	20.000	5.020.000
1937	4.000.000	500.000	—	—	—	—	—	9.520.000
1939	—	—	—	—	—	40.000	20.000	9.580.000
1949	—	—	—	—	100.000	59.820	40.000	9.779.820
1951	—	250.000	300.000	100.000	—	—	—	10.429.820
Total acuñación al 31 de Diciembre de 1951	7.550.000	1.550.000	650.000	250.000	250.000	99.820	80.000	10.429.820
No. de Piezas	7.550.000	3.100.000	3.250.000	2.500.000	5.000.000	4.991.000	8.000.000	

1/ 0.900 fino, 12.5 gramos de peso por lempira.

2/ 25% niquel, 75% cobre.

3/ 95% cobre, 4% estaño y 1% zincs.

Velocidad de la Circulación de los Depósitos Sujetos a Retiro por Cheque

(en miles de lempiras)

FECHA	BANCO DE HONDURAS		BANCO ATLANTIDA		BANCO DE OCCIDENTE		BANCO DE FOMENTO		TOTALES		VELOCIDAD
	Depósitos Promedio Mensual	Retiros Promedio Mensual	Depósitos Promedio Mensual	Retiros Promedio Mensual	Depósitos Promedio Mensual	Retiros Promedio Mensual	Depósitos Promedio Mensual	Retiros Promedio Mensual	Depósitos Promedio Mensual	Retiros Promedio Mensual	
1937	1.243	1 638	5.204	5.528	—	—	—	—	6.447	7.166	1.111
1938	1.338	1.791	5.256	4.965	—	—	—	—	6.594	6.756	1.025
1939	1.892	1.780	5.956	5.521	—	—	—	—	7.848	7.301	.930
1940	2.600	1.822	6 230	6.079	—	—	—	—	8.830	7.901	.895
1941	2 832	2.142	6.992	6.784	—	—	—	—	9.824	8 926	.909
1942	3.047	2.229	7.288	6.897	—	—	—	—	10 335	9.126	.883
1943	4.735	3.462	9.313	9.035	—	—	—	—	14.048	12.497	.889
1944	6.342	3.692	11.048	10.473	—	—	—	—	17.390	14.165	.815
1945	7.211	4.696	13.339	12.867	—	—	—	—	20.550	17.563	.855
1946	6.905	5.030	14.598	16.771	—	—	—	—	21.503	21.801	1.014
1947	7.256	6.180	14.128	21.249	—	—	—	—	21.384	27.429	1.283
1948	6.729	6.473	16.489	21.786	—	—	—	—	23 218	28.259	1.217
1949	7.733	7.909	17.901	25.108	—	—	—	—	25.634	33.017	1 288
1950	8.275	7.363	16.670	23.590	—	—	5	10	24.950	30.963	1.241
1951											
Enero	5.867	4.871	12.537	19.329	—	—	64	29	18.468	24.229	1.312
Febrero	6.157	5.460	11.467	19.601	—	—	54	136	17.678	25.197	1.425
Marzo	6.103	6 756	11.116	21.737	—	—	55	97	17.274	28.590	1.655
Abril	6.353	6.537	12.238	23.326	—	—	57	74	18 648	29.937	1.605
Mayo	6.573	8.447	12.355	26.059	—	—	62	115	18.990	34.621	1.823
Junio	6.867	6.964	13.041	24.178	—	—	113	95	20 021	31.237	1.560
Julio	6.821	6.717	14.881	24.577	—	—	134	101	21.836	31.395	1.438
Agosto	6.937	7.428	15.166	24.947	—	—	133	173	22.236	32.548	1.464
Septiembre	7.132	6.100	15.276	24.263	56	38	145	90	22 609	30.491	1.349
Octubre	7.153	6.208	15.512	23.758	65	49	186	103	22.916	30.118	1.314
Noviembre	7.260	5.998	15.219	23.203	79	66	171	125	22.729	29.392	1.293
Diciembre	7.049	6.237	14.238	26.708	98	85	181	73	21.566	33.103	1.535

Emisión Monetaria

(en miles de lempiras)

Fecha	EXCESO DE RESERVA								Banco de Honduras	Banco Atlantida	Billetes 3/	BANCO CENTRAL								Total Acumulativo
	PLATA			NIQUEL		COBRE		Total	Billetes 1/	Billetes 1/		MONEDA METALICA							Total	
												PLATA		NIQUEL		COBRE				
	L. 1.00	0.50	0.20	0.10	0.05	0.02	0.01					L. 0.50	0.20	0.10	0.05	0.02	0.01	Total		
Hasta 1940	7.550.000.00	1.300.000.00	350.000.00	150.000.00	150.000.00	40.000.00	40.000.00	9.580.00	498.465.00	1.162.232.00	—	—	—	—	—	—	—	—	—	11.240.697.00
1941..................	—	—	—	—	—	—	—	—	255.308.00	-29.500.00	—	—	—	—	—	—	—	—	—	11.466.505.00
1942..................	—	—	—	—	—	—	—	—	310.848.00	—	—	—	—	—	—	—	—	—	—	11.777.353.00
1943..................	—	—	—	—	—	—	—	—	—	-9.874.00	—	—	—	—	—	—	—	—	—	11.767.479.00
1944..................	—	—	—	—	—	—	—	—	—	564.620.50	—	—	—	—	—	—	—	—	—	12.332.099.50
1945..................	—	—	—	—	—	—	—	—	4.00	101.021.50	—	—	—	—	—	—	—	—	—	12.433.125.00
1946..................	—	—	—	—	—	—	—	—	—	187.874.00	—	—	—	—	—	—	—	—	—	12.620.999.00
1947..................	—	—	—	—	—	—	—	—	-2.00	--11.874.00	—	—	—	—	—	—	—	—	—	12.609.123.00
1948..................	—	—	—	—	—	—	—	—	354.875.00	--34.087.00	—	—	—	—	—	—	—	—	—	12.929.91.001
1949..................	—	—	—	—	45.000.00	19.500.00	17.200.00	81.700.00	—	--70.620.50 2/	—	—	—	—	—	—	—	—	—	12.940.990.50
1950																				
Junio	—	—	—	—	—	—	—	—	-12.045.50	39.148.50 2/	500.000.00	—	—	—	—	—	—	—	500.000.00	13.389.796.50
Septiembre	—	—	—	—	—	—	—	—	—	—	2.500.000.00	—	—	—	10.500.00	6.720.00	2.400.00	19.620.00	2.519.620.00	15.909.416.50
Diciembre	—	—	—	—	—	—	—	—	—	—	2.000.000.00	—	—	—	—	—	—	—	2.000.000.00	17.909.416.50
1951																				
Marzo	—	—	—	—	—	—	—	—	—	—	3.000.000.00	—	—	—	—	—	—	—	3.000.000.00	20.909.416.50
Junio	—	—	—	—	—	—	—	—	—	—	7.000.000.00	100.000.00	120.000.00	52.500.00	1.000.00	480.00	1.200.00	275.180.00	7.275.180.00	28.184.596.50
Septiembre	—	—	—	—	—	—	—	—	—	—	—	—	—	3.500.00	—	—	1.200.00	4.700.00	4.700.00	28.189.296.50
Diciembre	—	—	—	—	—	—	—	—	—	—	4.000.000.00	—	—	21.000.00	7.000.00	6.560.00	4.800.00	39.360.00	4.039.360.00	32.228.656.50
	7.550.000.00	1.300.000.00	350.000.00	150.000.00	195.000.00	59.500.00	57.200.00	9.661.700.00	1.407.452.50	1.820.644.00	19.000.000.00	100.000.00	120.000.00	77.000.00	18.500.00	13.760.00	9.600.00	338.860.00	19.338.860.00	32.228.656.50

1/ Denominaciones de L.1.00, L. 2.00, L. 5.00, L. 10.00 y L. 20.00

2/ Estas candtidades se han obtenido a base de estimaciones

3/ Denominaciones de L.1.00, L. 2.00, L. 5.00, L. 10.00, L. 20.00 y L. 100.00

* Signo negativo denota amortización

Camara de Compensación

empiras)

BANCO DE HONDURAS			BANCO ATLANTIDA				AHORRO HONDUREÑO				TOTALES	
Presentados	Cheques Recibidos		Cheques Presentados		Cheques Recibidos		Cheques Presentados		Cheques Recibidos		Cheques Recibidos	
Valor	No.	Valor	No.	Valor	No.	Valor	No.	Valor	No.	Valor	No.	Valor
1.112	3.076	2.558	2.650	1.093	2.497	1.359	177	68	1	1/	5.813	4.989
1.128	3.085	1.940	2.773	1.413	2.467	1.384	113	38	--	--	5.999	4.014
1.292	2.714	1.451	2.483	1.301	2.351	1.796	51	30	--	--	5.615	4.146
1.095	2.518	1.103	2.355	1.185	2.270	1.810	127	51	1	1/	5.354	3.631
1.108	2.601	1.454	2.485	1.300	2.419	1.858	101	29	--	--	5.685	4.013
1.307	2.712	1.472	2.686	1.263	2.528	1.730	128	34	--	--	5.988	4.189
1.212	2.397	1.071	2.243	1.083	2.496	1.841	73	42	1	1/	5.422	3.755
1.470	2.334	1.483	2.237	1.443	2.283	2.601	89	36	--	--	5.241	4.888
1.315	2.434	1.898	2.381	1.451	2.368	2.430	122	66	--	--	5.483	5.239
1.250	2.486	1.551	2.374	1.441	2.544	1.819	112	52	1	1/	5.864	4.304
1.321	2.751	2.126	2.671	2.641	2.782	2.873	119	46	1	1	6.410	5.626
1.343	2.507	1.788	2.407	1.471	2.581	2.203	111	63	--	--	5.994	5.159
1.064	2.480	1.824	2.419	1.324	2.375	2.157	116	33	--	--	5.664	4.936

PRODUCCION DE BIENES

Y

SERVICIOS

Indice General del Costo de la Vida
1937 = 100

AÑOS	Indice Costo de Vida	Alimentos	Vestuario	Vivienda	Artículos Domésticos	Iluminación	Cuidado de Salud	Cultura	Otros Gastos de Consumo
1937	100	100	100	100	100	100	100	100	100
1938	99	97	103	100	105	100	100	100	100
1939	101	97	108	108	111	100	110	100	98
1940	107	101	124	116	124	100	112	100	98
1941	110	101	129	127	132	100	112	103	95
1942	116	108	138	137	138	102	113	103	99
1943	130	125	151	146	142	105	120	111	99
1944	142	143	160	149	147	106	121	111	95
1945	156	162	168	160	158	108	122	115	100
1946	161	164	182	164	166	113	122	122	103
1947	164	166	185	172	176	114	122	122	103
1948	167	171	182	178	176	117	123	128	105
1949	178	194	165	181	167	122	120	129	106
1950	189	209	172	191	165	124	120	133	106
1951	207	230	185	208	175	126	122	161	107

Ingreso Nacional y Producto Nacional Neto en 1950

(en miles de lempiras)

Pagos de productores a particulares	309.820	**Gastos de Consumidores en mercaderías y servicios**	304.700
a) Sueldos y salarios	(120.000)	a) Alimentos	(163.500)
b) Ingresos de empresarios, renta de inmuebles, intereses y dividendos	(189.820)	b) Bebidas y tabaco	(21.100)
		c) Vestuario	(30.500)
		d) Vivienda	(35.500)
		e) Otros	(54.100)
Utilidades no distribuidas	17.800	**Gastos corrientes del Gobierno en mercaderías y servicios**	19.650
Pagos al Gobierno	5.000	**Formación bruta de capital**	55.480
a) Impuestos a las utilidades de sociedades anónimas	(3.400)	a) Gobierno	(8.605)
b) Ingresos de explotaciones comerciales del Gobierno	(1.600)	b) Privado	(46.875)
Ajustes		**Variación neta de inventarios**	4.820
Intereses sobre la deuda pública	120	**Exportación y otros ingresos recibidos del exterior**	130 800
		DISPONIBILIDADES BRUTAS	515.450
		Importaciones y otros pagos abonados al exterior	129.000
		PRODUCTO NACIONAL BRUTO	386.450
		Reservas para depreciación	24.150
		PRODUCTO NACIONAL NETO A PRECIOS DE MERCADO	362.300
		Impuestos indirectos	29.230
		Ajustes	570
		a) Superavit menos subsidios de establecimientos gubernamentales	(240)
		b) Transferencias comerciales gratuitas	(330)
INGRESO NACIONAL	332.500	PRODUCTO NACIONAL NETO AL COSTO DE LOS FACTORES	332.500

Nota: Las cifras entre paréntesis son el análisis de los renglones principales. Todos los datos de la tabla deben considerarse como preliminares y sujetos a revisión.

Fuente: Servicio Informativo del Banco Central de Honduras y del Banco Nacional de Fomento.

Ingreso Nacional Según Clase de Actividad Económica en 1950 y 1951

(en miles de lempiras)

	1950	1951
Agricultura, selvicultura, caza y pesca	225.000	243.000
Explotación de minas y canteras	4.000	4.000
Industrias manufactureras	32.000	34.500
Construcción	17.000	19.000
Electricidad, gas y agua	1.800	2.000
Comercio, finanzas, seguros y bienes inmuebles	50.300	55.000
Transporte, almacenaje y comunicaciones	19.500	20.000
Servicios	21.000	22.100
Gobierno	10.500	11.000
Ingresos netos del exterior 1/	−48.600	−51.200
INGRESO NACIONAL	332.500	359.400

Nota: 1/ Ingresos netos del exterior representan intereses netos de inversiones.

Todos los datos de la tabla deben considerarse como preliminares y sujetos a revisión.

Fuente: Servicio Informativo del Banco Central de Honduras y del Banco Nacional de Fomento.

Producto Nacional Bruto en 1950
(en miles en lempiras)

Pagos de los productores a personas	310.150	**Gastos de consumidores en mercaderías y servicios:**	304.700
a) Sueldos y salarios	(120.000)	a) Alimentos	(163.500)
b) Ingresos de empresarios, renta de inmuebles, intereses y dividendos	(189.820)	b) Bebidas y tabaco	(21.100)
c) Transferencias comerciales gratuitas	(330)	c) Vestuario	(30.500)
		d) Vivienda	(35.500)
		e) Otros	(54.100)
Ingresos retenidos por productores	41.950	**Gastos corrientes del Gobierno en mercaderías y servicios**	19.650
a) Ganancias no distribuidas	(17.800)	**Formación bruta de capital**	55.480
b) Reservas para depreciación	(24.150)	a) Gobierno	(8.605)
Impuestos pagados por productores y otros ingresos del Gobierno	34.470	b) Privados	(46.875)
a) Impuestos sobre las utilidades de sociedades anónimas	(3.400)	**Variación neta de inventario:**	4.820
b) Impuestos indirectos	(29.230)		
c) Ingresos de explotaciones comerciales del Gobierno	(1.600)	**Exportación y otros ingresos recibidos del exterior**	130.800
d) Superavit menos subsidios de establecimientos gubernamentales	(240)	DISPONIBILIDAD BRUTA	515.450
Ajustes			
Intereses sobre la deuda publica	120	**Importación y otros pagos abonados al Exterior**	129.000
PRODUCTO NACIONAL BRUTO	386.450	PRODUCTO NACIONAL BRUTO	386.450

Nota: Las cifras entre paréntesis son el análisis de los renglones principales Todos los datos de la tabla deben considerarse como preliminares y sujetos a revisión.

Fuente: Servicio Informativo del Banco Central de Honduras y del Banco Nacional de Fomento.

Ingreso Nacional y Producto Nacional Neto en 1950 y 1951

(en miles de lempiras)

	1950	1951
Gastos de consumidores en mercaderías y servicios	304.700	338.400
a) Alimentos	(163.500)	(183.000)
b) Bebidas y tabaco	(21.100)	(23.000)
c) Vestuario	(30.500)	(34.000)
d) Vivienda	(35.500)	(38.400)
e) Otros	(54.100)	(60.000)
Gastos corrientes del Gobierno en mercaderías y servicios	19.650	18.400
Formación bruta de capital	55.480	68.000
a) Gobierno	(8.605)	(11.000)
b) Privados	(46.875)	(57.000)
Variación neta de inventarios	4.820	3.000
Exportaciones y otros ingresos recibidos del exterior	130.800	146.200
DISPONIBILIDADES BRUTAS	515.450	574.000
Importaciones y otros pagos abonados al exterior	129.000	158.000
PRODUCTO NACIONAL BRUTO	386.450	416.000
Reservas para depreciación	24.150	26.000
PRODUCTO NACIONAL NETO A PRECIOS DE MERCADO	362.300	390.000
Impuestos indirectos	29.230	30.000
Ajustes	570	600
a) Superavit menos subsidios de establecimientos gubermentales	(240)	(200)
b) Transferencias comerciales gratuitas	(330)	(400)
PRODUCTO NACIONAL NETO AL COSTO DE LOS FACTORES	332.500	359.400

Nota: Las cifras entre paréntesis son el análisis de los renglones principales. Todos los datos de la tabla deben considerarse como preliminares y sujetos a revisión.

Fuente: Servicio Informativo del Banco Central de Honduras y del Banco Nacional de Fomento

Ingresos Personales en 1950
(en miles de lempiras)

Asignaciones		Fuentes	
Gastos de consumidores en mercaderías y servicios	304.700	**Pagos hechos por los productores a personas**	310.150
a) Alimentos	(163.500)	a) Sueldos y salarios	(120.000)
b) Bebidas y tabaco	(21.100)	b) Ingresos de empresarios, renta de inmuebles, intereses y dividendos	(189.820)
c) Vestuario	(30.500)		
d) Vivienda	(35.500)	c) Transferencias comerciales gratuitas	(330)
e) Otros	(54.100)		
Pagos de impuestos personales	450	**Transferencias gubernamentales gratuitas a personas**	700
Ahorros personales	5.700		
TOTAL EGRESOS Y AHORROS PERSONALES	310.850	TOTAL INGRESOS PERSONALES	310.850

Nota: Las cifras entre paréntesis son el análisis de los renglones principales. Todos los datos de la tabla deber considerarse como preliminares y sujetos a revisión.

Fuente: Servicio Informativo del Banco Central de Honduras y del Banco Nacional de Fomento.

Formación Bruta de Capital en 1950
(en miles de lempiras)

Asignaciones		Fuentes	
Formación bruta de capital del Gobierno	8.605	**Ahorros personales**	5.700
a) Administración Central	(5.810)	**Ingresos retenidos por los productores**	41.950
b) Administración Local	(1.985)	a) Ganancias no distribuidas	(17.800)
c) Establecimientos gubernamentales	(810)	b) Reservas para depreciación	(24.150)
Formación bruta de capital de Privados	46.875	**Superavit del Gobierno en la cuenta de operaciones corrientes**	14.450
a) Empresas Nacionales	(25.823)	**Transferencias gratuitas netas del exterior**	−1.000
b) Empresas extranjeras residentes	(21.052)	a) Transferencias del exterior	(400)
Variación neta inventarios	4.820	b) Transferencias al exterior	(1.400)
		Préstamos netos del exterior	−800
FORMACION BRUTA DE CAPITAL	60.300	AHORROS BRUTOS	60.300

NOTA: Las cifras entre paréntesis son el análisis de los renglones principales. La formación bruta de capital de privados a) Empresas nacionales, incluye 13.600 miles de lempiras en construcciones para vivienda. Todos los datos de la tabla deben considerarse como preliminares y sujetos a revisión.

Fuente: Servicio Informativo del Banco Central de Honduras y del Banco Nacional de Fomento.

Indices de la Producción Agropecuaria
1937 = 100

Años	INDICE GENERAL PRODUCCION AGROPECUARIA		INDICE PRODUCCION AGRICOLA		INDICE PRODUCCION PECUARIA
	Incluyendo Bananos Cías. Ext.	Excluyendo Bananos Cías. Ext.	Incluyendo Bananos Cías. Ext.	Excluyendo Bananos Cías. Ext.	
1925	102	73	112	72	73
1926	109	77	120	76	78
1927	125	78	142	78	78
1928	145	82	169	84	79
1929	145	84	167	84	83
1930	154	87	180	90	84
1931	167	85	197	85	84
1932	150	90	173	92	87
1933	134	92	150	95	89
1934	127	93	139	94	92
1935	108	94	113	94	95
1936	111	102	116	106	97
1937	100	100	100	100	100
1938	104	105	105	105	104
1939	112	111	113	113	108
1940	121	112	126	114	109
1941	116	114	117	115	114
1942	100	125	93	131	118
1943	98	125	88	128	123
1944	117	130	113	132	128
1945	129	134	129	137	130
1946	136	140	137	146	132
1947	149	146	148	152	139
1948	150	154	152	162	144
1949	144	156	143	164	146
1950	144	160	142	169	150

Indices Detallados de la Producción Agrícola

1937=100

Años	Cereales	Hortalizas y melones	Leguminosas	FRUTAS			Oleaginosas	Café	Caña de Azúcar	Tabaco	Cocos y Copra
				Todas	Bananos Cías.	Otras Frutas					
1925	72	70	80	136	144	76	62	71	91	53	65
1926	76	75	81	146	155	78	62	78	115	55	76
1927	77	72	81	179	192	79	62	88	165	58	79
1928	83	78	79	219	238	81	67	91	178	83	77
1929	79	81	82	216	234	83	81	84	135	121	83
1930	89	85	98	232	252	85	81	82	147	123	86
1931	83	78	84	263	286	87	81	85	138	108	73
1932	99	82	96	220	238	88	81	92	118	96	83
1933	105	86	99	182	194	89	81	96	109	96	91
1934	94	92	85	166	175	94	81	91	98	115	96
1935	89	91	102	125	128	98	81	89	96	123	89
1936	115	96	100	122	124	112	86	101	99	108	100
1937	100	100	100	100	100	100	100	100	100	100	100
1938	109	102	111	104	104	103	100	98	105	119	92
1939	121	113	122	112	113	102	100	101	108	130	86
1940	123	110	119	131	135	104	100	110	100	132	91
1941	128	102	135	118	120	111	100	130	104	143	89
1942	140	120	125	69	62	120	105	150	109	153	100
1943	125	122	113	64	57	115	119	155	122	168	127
1944	124	126	121	100	97	117	119	174	125	183	138
1945	130	128	117	122	123	120	119	196	130	172	145
1946	139	132	159	130	130	125	175	199	138	175	155
1947	143	137	148	143	145	130	155	203	142	196	153
1948	160	145	143	143	144	134	169	220	142	211	142
1949	155	148	151	129	127	141	194	252	148	221	130
1950	159	151	162	123	120	147	164	279	149	226	131

Notas: La columna de "cereales" comprende: arroz, maíz, maicillo y trigo. - "Hortalizas y melones" abarca: ayote, cebollas, camote, malanga, ñame, papas, pataste, repollo, tomate, yuca, otras verduras, melones y sandías. - En las "Leguminosas" figuran sólo los frijoles. - El rubro de "Frutas" incluye: aguacates, bananos, naranjas, otras frutas cítricas (toronjas, limas, limones, etc.) mangos, plátanos, piñas, papayas, zapotes y, demás frutas (guanábas, ciruelas, marañones, etc.) En rubro "Frutas" se presentan tres índices que corresponden: el primero a todas las frutas producidas, el segundo solo a los bananos de las Cías. Extranjeras y el tercero a todas las frutas excluyendo los bananos de las Cías. Extranjeras. - Componen el grupo "Oleaginosas", el cacahuete y el ajonjolí.

Indices Detallados de la Producción Pecuaria
1937 = 100

Años	Ganado Vacuno	Ganado Porcino	Aves	Productos Animales	Pescado
1925	71	69	76	75	72
1926	84	69	77	77	72
1927	79	71	79	79	76
1928	77	71	80	81	79
1929	91	71	82	82	79
1930	86	73	85	84	83
1931	83	75	87	86	86
1932	83	81	89	89	90
1933	82	90	91	91	93
1934	89	94	93	93	93
1935	96	95	95	95	97
1936	96	96	98	97	97
1937	100	100	100	100	100
1938	109	102	102	103	103
1939	118	104	106	105	107
1940	116	107	108	108	107
1941	123	114	113	110	114
1942	129	118	115	114	117
1943	145	121	118	116	121
1944	159	124	120	119	124
1945	151	129	123	123	128
1946	149	140	127	125	131
1947	160	155	131	129	138
1948	169	164	136	132	141
1949	164	170	141	136	148
1950	164	173	146	140	155

Nota: "PRODUCTOS ANIMALES" agrupa los siguientes: leche (incluyendo la usada en fabricación de queso y mantequilla), huevos y miel de abejas.

TRANSACCIONES INTERNACIONALES

HONDURAS

Cifras en millones de dólares

Balanza de Pagos -- Cuadro Principal -- Años Calendarios

	1946			1947			1948			1949			1950			1951		
	Ingresos	Egresos	Saldo Neto	Ingresos	Egresos	Saldo Neto	Ingresos	Egresos	Saldo Neto	Ingresos	Egresos	Saldo Neto	Ingresos	Egresos	Saldo Neto	Ingresos	Egresos	Saldo Neto
A. Transacciones Corrientes																		
1. Mercancías	35.6	23.0	12.6	45.2	33.5	11.7	56.3	32.3	24.0	60.5	37.1	23.4	62.5	33.8	28.7	69.6	44.4	25.2
2. Oro no Monetario	.4		.4	.5		.5	.7		.7	.8		.8	1.2		1.2	1.2		1.2
3. Gastos de Viajeros	.5	1.2	-.7	.6	1.1	-.5	.6	1.0	-.4	.7	.9	-.2	.7	.6	.1	.8	1.0	-.2
4. Transporte	.2	2.5	-2.3	.2	3.5	-3.3	.3	3.4	-3.1	.3		-3.6	.3	3.6	-3.3	.4	5.0	-4.6
5. Seguros		.8	-.8		1.1	-1.1		1.1	-1.1		1.4	-1.4		1.5	-1.5		2.0	-2.0
6. Utilidades provenientes de Inversiones	.1	14.1	-14.0	.1	16.2	-16.1	.2	23.0	-22.8	.2	23.1	-22.9	.2	24.5	-24.3	.3	25.9	-25.6
7. Gobierno	.5	.3	.2	.5	.3	.2	.7	.3	.4	.8	.4	.4	.7	.5	.2	.8	.5	.3
8. Diversos		.2	-.2		.2	-.2		.3	-.3		.2	-.2		.2	-.2		.2	-.2
9. Donaciones	.2	1.1	-.9	.1	1.3	-1.2	.1	1.0	-.9	.2	.9	-.7	.2	.7	-.5	.2	.8	-.6
10. Total Transacciones Corrientes Errores y Omisiones	37.5	43.2	-5.7 -.4	47.2	57.2	-10.0 2.7	58.9	62.4	3.5 -2.6	63.5	67.9	-4.4 -1.2	65.8	65.4	.4 -5.4			
B. Movimiento de Capital Privado	Activo	Pasivo	Activo neto	Activo	Pasivo	Activo neto	Activo	Pasivo	Activo neto	Activo	Pasivo	Activo neto	Activo	Pasivo	Activo neto	Activo	Pasivo	Activo neto
11. Capital a Largo plazo		6.7	-6.7		5.7	-5.7	7.4		-7.4		6.8	-6.8		5.3			8.5	-8.5
12. Capital a Corto Plazo	.6		.6	-.1		-.1	.5		.5	.9		.9	-3.1		-3.1	-4.2		-4.2
Instit. Oficiales y Bancarias																		
13. Capital a Largo Plazo																		
13.3 Valores de Cartera				-1.0		-1.0	-1.0		-1.0	-.3		-.3	-1.2		-1.2	-.5		-.5
13.4 Amortizaciones		-.3	.3		-.3	.3	-.4		.4		-.2	.2		-.5	.5		-.2	.2
13.6 Otros				.2		.2					.1	-.1						
Capital a Corto Plazo	-.3		-.3	-.8	.2	-1.0	1.4		1.4	.5		.5	4.5		4.5	-9.4		-9.4
Total Movimiento de Capital	.3	6.4	-6.1	-1.7	5.6	-7.3	.9	7.0	-6.1	1.1	6.7	-5.6	.2	4.8	-4.6	4.7	8.3	-3.6

Importación General por Productos

(en miles de lempiras)

A. ARTICULOS DE MAYOR IMPORTANCIA

GRUPO I - Tejidos, hilo, vestuario, materias primas

para industrias textiles	1938/39	1942/43	1947/48	1948/49	1949/50	1950/51
I - a						
Cotín	221	249	329	126	130	161
Coleta	61	187	627	148	222	389
Céfiros	1	93	156	107	32	68
Crea	21	22	136	86	50	78
Dril blanco o de color	557	862	2.407	1.981	1.920	2.378
Etaminas lisas	52	97	118	69	20	28
Gabardina de Algodón	–	–	–	270	195	164
Género de fantasía	25	31	92	96	45	109
Indiana lisa o prensada	23	51	661	228	244	422
Irlandas lisas	461	700	3.193	1.474	1.217	1.449
Lona	65	22	93	110	139	203
Manta cruda	347	498	1.100	563	472	982
Manta dril cruda	94	84	268	95	105	146
Madapodán blanco	95	78	347	51	87	126
Popelinas o poplín	17	39	105	125	21	27
Piqués	43	8	28	29	18	103
Telas de algodón como kaky	34	31	53	18	44	110
Zarazas lisas o prensadas	173	410	771	667	607	714
Telas para vestidos como alpacas, casimir, etc.	92	39	248	296	292	133
Telas de seda artificial	170	157	1.314	2.139	2.633	3.421
Encajes y blondas de algodón	12	20	62	113	93	86
	2.564	3.678	12.108	8.791	8.586	11.297
I - b						
Calzado de cuero	168	224	486	480	600	676
Calzado de algodón con suela de cuero	28	4	16	73	104	155
Sombreros de palma	23	69	103	122	154	164
Sombreros de fieltro	25	16	93	77	109	56
	244	313	698	752	967	1.051
I - c						
Calcetines y medias de algodón mercerizado	46	62	144	234	244	357
Calcetines y medias de seda artificial	52	44	84	113	91	83
Calcetines y medias de seda	45	1	94	122	151	224
Frazadas de algodón	67	34	70	153	138	206
Pañuelos de algodón ordinario	22	36	177	178	119	126
Perrajes de algodón	25	118	179	111	118	106
Ropa interior y exterior de algodón	40	279	428	466	324	466
Ropa interior y exterior de seda artificial	30	50	146	195	288	383
Batas, carpetas, camisetas, colchas	57	–	469	467	402	498
	384	624	1.791	2.039	1.875	2.449

Continuación

I - d						
Cordeles y cuerdas	12	4	54	149	19	64
Jarcia en cuerdas	46	31	181	208	214	316
	58	35	235	357	233	380
I - e						
Hilo devanado en cartón u ovillo	55	119	120	163	210	159
Hilo devanado en carretes	129	267	173	477	463	336
	184	386	293	640	673	495
GRUPO - II Alimentos y Bebidas						
II - a						
Azúcar	474	505	1.774	1.792	1.813	2.611
Cereales preparados	87	89	321	277	260	351
Chicles gomas para mascar	57	48	142	178	179	151
Galletas o bizcochos	32	28	157	180	178	201
Harina de trigo	139	164	841	1.062	963	1.078
Leches alimenticias	–	88	292	439	413	527
Pastas de tomate	22	9	67	83	99	108
Sardinas de toda clase	24	12	169	126	137	182
Arroz	164	34	4	187	26	12
Trigo	238	383	904	959	986	854
Confituras o confites	28	17	100	96	94	100
	1.265	1.437	4.771	5.379	5.148	6 175
II - b						
Licores fuertes hasta de 50º	184	239	712	396	437	454
Vinos generosos dulces	30	22	76	97	115	99
	214	261	788	493	552	553
II - c						
Forrajes	44	1	198	211	80	12
Malta de cebada	8	38	336	195	249	241
Semillas	8	46	25	21	361	221
	60	85	559	427	690	474
GRUPO - III Maquinaria, vehículos, herramientas y accesorios.						
III - a						
Herramientas de hierro para artesanos	26	18	142	132	122	126
Herramientas y útiles de hierro o acero que no tengan aplicación en agricultura	115	46	154	85	132	203
Limas de toda clase para artesanos	44	13	131	147	103	177
	185	77	427	364	357	506
III - b						
Accesorios para instalaciones eléctricas	84	33	420	740	403	355
Máquinas Refrigeradoras	18	24	131	112	151	124
Pilas y baterías eléctricas	47	47	171	244	257	255
Radios y radiolas	72	43	359	470	336	360
Refrigeradoras y neveras	32	7	243	342	453	252
Teléfonos y accesorios	7	3	56	60	167	58
Lámparas eléctricas de mano	11	2	99	121	96	102
Dinamos y motores	17	12	168	62	76	87
Alambre de cobre forrado	29	35	142	160	87	73
	317	206	1.789	2.311	2.026	1.666

III - c						
Accesorios para automóviles	126	61	683	576	762	789
Automóviles y camiones	180	154	1.970	2.054	2.212	2.548
Bicicletas	10	1	91	81	138	108
Carretas y carretones	6	4	98	62	63	100
Carros de ferrocarril	5	3	229	78	170	481
Ferrocarriles	26	16	253	165	364	419
Llantas para automóviles	155	141	669	654	667	991
Máquinas aéreas	117	120	114	156	172	236
Material rodante para ferrocarril	–	7	23	307	94	50
	625	507	4.130	4.133	4.642	5,722

III - d						
Bombas de hierro para elevar agua	404	27	620	766	443	230
Imprenta, útiles y materiales	2	2	92	105	149	113
Máquinas de barrenar	35	19	249	309	311	379
Máquinas de escribir o dactilógrafos	41	13	333	228	264	411
Máquinas para empresas fabriles	46	24	1,355	1,243	566	815
Máquinas pesadas de toda clase	77	66	1,603	1,484	1.328	920
Molinos de hierro para café	26	17	122	107	107	200
Motores de hierro para vapor y electricidad	88	123	789	740	368	712
Máquinas para agricultura	273	913	1,504	1,392	1.472	2.433
	992	1.204	6.667	6.374	5.308	6.213

GRUPO IV - Materiales de Construcción

IV - a						
Acero en barras	43	31	234	176	166	208
Hierro o acero para edificios	64	142	534	250	427	244
Cañería de hierro	5	9	1,035	544	131	942
Láminas de aluminio	–	–	99	104	116	83
Láminas de pizarra, zinc, etc. para techos	193	22	233	306	407	797
Madera acepillada	282	13	67	128	95	1
Madera comprimida	8	1	103	88	60	49
Tubería de hierro galvanizada	694	17	2.099	1,532	634	302
Tubos para irrigación	78	-	458	152	572	293
Utiles para cañería	348	9	301	380	164	265
Cañería de hierro galvanizada	20	3	18	20	67	117
	1.735	247	5.181	3.680	2.839	3.301

IV - b						
Cal viva o apagada	212	244	315	293	205	462
Cemento	46	–	394	436	629	558
Cimento	32	240	124	–	23	–
	290	484	833	729	857	1 020

IV - c						
Alambre espigado	46	9	157	218	131	326
Alambre liso o tejido	33	1	86	13	58	129
Asfalto para pavimento	–	2	15	106	17	9
Aluminio en láminas	1	7	136	97	3	6
Alambre de bronce o cobre	3	2	65	121	26	39
Edificios desarmados	–	–	–	250	51	43
Pernos de hierro	32	11	104	84	62	100
Telas de alambre para mosquitos	53	6	211	371	44	53
Válvulas de bronce o cobre	64	7	125	103	92	100
Válvulas de hierro	18	1	116	50	32	106

Continuación

Postes de hierro	–	–	88	18	119	6
Clavos para construcciones	46	43	132	194	99	97
Rieles de acero	22	11	659	113	41	613
Alambre de hierro o acero	9	4	70	102	68	100
	327	104	1.964	1.840	1.143	1.727
GRUPO V - Combustibles y Lubricantes						
Aceite crudo o petroleo crudo	1.019	389	3.800	3.505	3.121	3.886
Aceite lubricante refinado	16	28	190	403	328	256
Aceite lubricante ordinario en barriles	134	161	288	188	234	227
Gasolina	380	410	1.097	1.099	1.309	1.365
Petroleo refinado (Kerosene)	65	41	100	145	148	147
	1.614	1.029	5.475	5.340	5.140	5.881
GRUPO VI - Productos Químicos						
Abonos de toda clase	114	69	1.223	1.706	1.853	1.462
Cianuro de potasio	5	35	23	28	138	203
Creosota líquida u otros similare	–	1	59	77	618	419
Humectantes y detergentes	–	–	–	1	13	144
Insecticidas	25	6	107	115	109	241
Jabones finos para tocador	37	61	132	155	104	90
Pintura llamada esmalte	35	29	107	94	73	97
Aceites vegetales	62	80	206	133	169	162
Sulfato de cobre	1.380	1.806	1.671	1.391	1.605	3.586
Sulfato de sodio	1	7	119	143	2	2
Parafina en marquetas	30	31	132	69	75	102
Pólvora de dinamita	190	453	138	161	153	287
Pintura en pasta preparada	53	78	592	243	488	457
	1.932	2.656	4.509	4.316	5.400	7.261
GRUPO VII - Productos Farmacéuticos						
Pastas dentífricas	18	44	95	150	121	143
Penicilina	–	–	185	147	144	245
Utiles no denominados para farmacia	5	6	43	–	4	102
	23	50	323	297	269	490
GRUPO VIII - Artículos de Papel						
Papel para cigarrillos	38	70	123	86	80	125
Papel para empacar ordinario	48	65	177	143	99	128
Papel de imprenta para periódicos	42	52	194	130	78	190
Papel Bond	10	34	146	74	45	127
Papel parafinado	15	25	57	79	70	108
Papel manila	14	31	8	25	8	147
Impresos	41	3	12	27	131	27
Anuncios sobre papel o cartón	18	16	129	139	172	183
Bolsas de papel para carfé	5	2	14	101	26	51
	231	298	860	804	709	1.086
GRUPO IX - Artículos de Vidrio, Loza y Porcelana						
Bombas de vidrio para lámparas	40	24	100	101	75	105
Botellas comunes de vidrio	57	48	212	77	153	143
Vajilla de porcelana y barro	21	3	8	33	98	147
Vajilla de loza	33	57	103	95	112	81
	151	132	423	306	438	476
GRUPO X - Cueros y Pieles						
Cueros sin pelos	293	116	670	475	667	723

GRUPO XI - Otros

	1938/39	1942/43	1947/48	1948/49	1949/50	1950/51
Batería de cocina de hierro esmaltado	25	21	99	203	118	113
Animales vivos	84	-	99	149	12	88
Camas de metal	18	2	87	106	102	89
Cinematógrafos	18	23	106	73	98	41
Inodoros y orinarios	18	35	113	138	143	116
Instrumentos de cirugía	13	58	96	92	129	167
Juguetes de materias no denominadas	17	4	61	53	118	86
Joyería de materia ordinaria	17	9	60	103	109	91
Mangueras de lona	62	10	201	143	119	73
Muebles de madera de caña o mimbre	11	2	68	101	74	58
Muebles de hierro	15	8	82	105	147	190
Relojes de bolsillo	19	19	107	145	97	67
Utiles para fotógrafos	29	22	126	122	128	156
Utiles y materiales para la industria jabonera	20	16	101	67	61	79
Utiles y materiales para fabricación aguas gaseosas	41	45	259	169	261	243
Cajas de cartón, hojalata y madera para usos industriales	5	16	54	110	79	147
Clavos para zapateros	14	24	37	102	26	46
Tanques de hierro para agua	9	4	44	144	248	130
Costales y sacos de cáñamo	50	49	209	217	221	157
Costales y sacos de algodón	27	62	85	172	90	93
Cocinas económicas	18	2	107	79	139	110
	530	431	2.201	2.593	2.519	2.340
B - ARTICULOS DE MENOR IMPORTANCIA 1/	5.185	4.344	14.286	14.460	15.598	17.510
TOTAL.	19.403	18.704	70.981	66.900	66.636	78.796

1/ Artículos de menor importancia son los cuyo valor importado no alcanzó L. 100.000 en ninguno de los años 1947/48 -- 1950/51.

Importación General por Países

(en miles de lempiras)

PAISES	1938 39	1942/43	1947/48	1948/49	1949/50	1950/[illegible]
Estados Unidos	12.662	13.027	55.804	52.835	52.122	58.3[illegible]
Canadá	10	155	181	227	438	6[illegible]
México	10	2.349	3.473	1.004	1.621	2.3[illegible]
Antillas Holandesas	758	140	3.656	3.442	2.825	3.4[illegible]
Cuba	44	69	1.117	299	296	1.0[illegible]
El Salvador	957	1.791	3.632	4.175	3.477	3.5[illegible]
Nicaragua	38	49	62	45	72	4[illegible]
Guatemala	24	233	73	127	183	3[illegible]
Costa Rica	6	28	69	57	97	[illegible]
Venezuela	1	—	—	1	135	12[illegible]
Colombia	—	—	241	88	43	2[illegible]
Perú	112	242	365	492	543	78[illegible]
Reino Unido	590	374	802	1.022	1.371	2.03[illegible]
Alemania	2.095	—	—	5	184	1.42[illegible]
Italia	86	—	111	306	403	4[illegible]
Francia	193	—	177	379	255	27[illegible]
Bélgica	163	—	69	122	291	24[illegible]
Suiza	27	25	228	269	294	21[illegible]
Holanda	103	—	77	91	117	17[illegible]
Japón	1.168	—	2	45	223	1.45[illegible]
Otros Países	356	222	842	1.869	1.646	94[illegible]
TOTAL IMPORTACION	19.403	18.704	70.981	66.900	66.636	78.79[illegible]

Fuente: Servicio Informativo del Banco Central de Honduras y del Banco Nacional de Fomento. Series revisadas.

Exportación General por Países

(en miles de lempiras)

PAISES	1938/39	1942/43	1947/48	1948/49	1949/50	1950/51
Estados Unidos	41.539	14.636	77.047	86.059	96.549	95.040
Canadá	427	—	5.663	10.194	12.764	10.158
México	20	162	141	65	40	38
Antillas Holandesas						
Cuba	4	20	2.989	2.230	2.337	2.969
El Salvador	504	1.049	7.369	8.964	10.612	11.605
Nicaragua	1	53	1.175	1.187	1.607	1.671
Guatemala	67	159	1.719	2.449	2.718	2.996
Costa Rica	—	195	166	230	479	556
Venezuela	—	—	271	346	629	667
Colombia	—	23	7	8	12	14
Perú	6	14	—	—	3	2
Reino Unido	956	—	—	134	23	23
Alemania	383	—	—	29	3	84
Italia	17	—	1	—	12	8
Francia	—	—	9	41	—	—
Bélgica	136	—	—	23	83	34
Suiza	—	—	18	4	—	—
Holanda	205	—	210	160	1.333	1.201
Japón	43	—	—	—	—	—
Otros Países	435	1.557	822	586	623	330
TOTAL EXPORTACION	44.743	17.868	97.607	112.709	129.827	127.396

Fuente: Servicio Informativo del Banco Central de Honduras y del Banco Nacional de Fomento. Series revisadas.

Exportación General por Productos *

(en miles de lempiras)

	1938/39	1942/43	1947/48	1948/49	1949/50	1950/51
Bananos	37.612	12.028	68.416	70.383	91.089	83.425
Café en Grano	496	1.748	6.114	6.614	13.638	18.569
Plata producida en el país	3.862	883	4.020	6.535	6.620	5.477
Maderas:						
Caoba	7	—	1.872	1.791	627	502
Cedro	—	15	58	259	150	105
Pino	5	—	3.325	3.109	3.201	4.711
San Juan	193	242	13	59	37	—
Otras	—	—	—	69	96	88
Colofonia	—	—	186	174	76	140
Ganado Porcino	28	552	716	1.067	1.309	1.584
Ganado Vacuno	—	588	1.334	1.122	1.067	1.440
Carnes	—	—	92	147	160	128
Manteca de Puerco	99	191	199	340	80	153
Cebo	—	—	5	76	215	87
Quesos	16	13	105	123	146	280
Cueros de Res	49	17	80	34	37	110
Pieles de Venado	23	17	67	81	56	34
Cueros y Pieles	19	12	25	24	30	23
Otros						
Cocos	—	31	1.834	1.124	543	602
Aceite de Coco	—	20	156	210	49	42
Mantecs de Coco	4	44	103	120	13	74
Jabón Común	—	26	250	75	98	55
Fibras de Abacá	—	8	2.358	2.526	1.917	1.553
Aceite de Citronela	—	31	159	95	72	54
Plátanos	82	80	226	170	181	217
Toronjas	125	12	40	87	150	65
Cacao en Grano	—	—	3	30	—	—
Arroz	—	—	473	201	120	45
Maíz en Grano	1	24	423	200	21	567
Maicillo	—	—	114	94	—	—
Trigo	4	73	60	74	63	34
Frijoles	12	69	116	492	527	302
Semillas Oleaginosas	—	—	8	115	52	93
Tabaco en Rama	3	—	524	880	923	738
Puros	118	139	226	170	181	217
Cebollas	—	5	35	31	40	38
Papas	—	3	49	54	28	19
Almidón	—	—	—	55	1	4
Algodón en Rama	19	24	50	41	21	36
Sombreros de Junco	—	68	35	22	34	26
Sombreros de Palma	—	5	11	23	42	24
Broza Mineral	108	100	674	350	366	255
Otros Productos incluyendo reexportación y reembarque	1.602	800	3.053	4.463	5.661	5.480
Total Exportación Mercadería	44.743	17.868	97.607	112.709	129.827	127.396
Oro	1.548	343	941	1.476	2 218	2.480
Total Exportación	46.291	18.211	98.548	114.185	132.045	129.876

La valorización de la exportación de bananos, café y otras maderas fué hecha por el Banco Central, siendo la Dirección General de Rentas la fuente de los otros datos.

Compra Venta de Divisas

(en miles de dólares)

		1950		1951				
		Julio Sept.	Octubre Dicbre.	Enero Marzo	Abril Junio	Julio Sept.	Octubre Dicbre.	TOTAI
Dólares	Compra	8.414	6.783	7.321	14.725	9.465	7.182	53.890
	Venta	7.644	8.986	8.087	9.104	8.712	9.660	52.193
Quetzales	Compra	98	103	99	51	196	90	537
	Venta	11	86	23	19	26	62	227
Colones Salvadoreños	Compra	186	314	651	502	245	338	2.236
	Venta	45	113	104	193	110	170	735
Libras Esterlinas	Compra	4	8	8	6	5	10	41
	Venta	74	47	35	80	61	36	273
TOTAL	Compra	8.702	7.208	8.079	15.284	9.811	7.620	56.704
	Venta	7.774	9.232	8.249	9.396	8.849	9.928	53.428

Honduras - Reservas Internacionales
(en miles de dólares)

FECHA		RESERVAS OFICIALES				BANCOS COMERCIALES				Otros Bancos Depósitos en el Exterior	Monedas de los EE.UU en manos del público 2/	TOTA[L] de la Reserv[a] Internac[ional] 5+9+10
	FONDO DE CAMBIO			Cuenta regular del Gobierno	TOTAL 3 + 4	Billetes y Monedas de los EE. UU.	Depósitos en el Exterior	Inversiones en valores de los EE.UU.	TOTAL 6 + 7 + 8			
	Oro	1/ Depósitos en el Exterior	TOTAL 1 + 2									
	(1)	(2)	(3)	(4)	(5)	(6)	(7)	(8)	(9)	(10)	(11)	(12)
1936	109	898	1.007	15	1.022	145	1.048	1.639	2.832	13	250	3.219
1937	109	617	726	81	807	94	487	1.436	2.017	22	250	3.096
1938	109	699	808	16	824	65	166	1.291	1.522	22	250	2.618
1939	109	546	655	1	656	26	135	1.283	1.444	21	250	2.371
1940	109	834	943	4	947	26	226	1.253	1.505	21	250	2.723
1941	109	1.116	1.225	6	1.231	61	457	1.292	1.810	24	250	3.315
1942	109	1.333	1.442	43	1.485	83	2.069	1.340	3.492	29	250	5.256
1943	109	1.430	1.539	159	1.698	703	3.519	2.243	5.465	38	1.792	9.993
1944	109	1.555	1.664	45	1.709	820	4.219	3.702	8.741	43	3.114	13.608
1945	109	1.655	1.764	6	1.770	982	4.707	4.469	10.158	46	4.644	16.618
1946	109	1.875	1.984	94	2.078	1.043	4.110	4.426	9.579	45	5.225	16.927
1947	109	2.115	2.224	324	2.548	1.680	2.168	3.408	7.256	65	5.093	14.962
1948	109	2.340	2.449	—	·2.449	1.233	4.127	2.458	7.818	57	5.551	15.875
1949	109	2.600	2.709	1.376	4.085	1.683	2.546	2.144	6.373	56	6.531	17.045
1950												
Febrero	109	2.600	2.709	1.537	4.246	1.912	2.041	1.894	5.847	55	6.178	16.326
Marzo	109	2.600	2.709	1.572	4.281	1.672	2.282	1.590	5.544	56	6.305	16.186
Abril	109	2.600	2.709	1.453	4.162	1.723	3.083	1.590	6.396	55	6.255	16.868
Mayo	109	2.840	2.949	871	3.820	1.255	3.142	1.590	5.987	53	6.226	16.086
Junio	109	2.893	3.002	853	3.855	1.360	3.167	1.607	6.134	52	6.610	16.651
	BANCO CENTRAL											
	Oro en el país	Depósitos en el Extranjero	Monedas y Billetes Extranjeros	Inversiones en el Exterior	TOTAL							
Julio	109	6.220	1.020	—	7.349	1.074	2.058	1.596	4.728	60	5.975	18.112
Agosto	109	2.807	1.100	4.000	8.016	1.587	1.719	1.591	4.897	60	5.358	18.331
Septiembre	109	2.112	1.984	4.884	9.089	1.454	1.517	1.594	4.565	60	5.305	19.019
Octubre	109	1.207	2.276	5.734	9.326	872	2.217	970	4.059	58	4.885	18.328
Noviembre	109	1.232	2.689	5.522	9.552	1.062	1.684	970	3.716	67	4.905	18.240
Diciembre	109	2.771	3.459	4.239	10.578	820	1.431	970	3.221	67	3.868	17.734
1951												
Enero	109	1.894	3.410	5.567	10.980	739	1.636	964	3.339	59	3.792	18.170
Febrero	109	1.898	3.611	5.947	11.565	480	1.952	665	3.097	55	3.487	18.204
Marzo	109	2.439	3.390	6.692	12.630	637	1.691	665	2.993	48	3.428	19.099
Abril	109	3.175	2.078	7.468	12.830	875	1.895	665	3.435	52	3.331	19.648
Mayo	109	4.450	1.774	7.863	14.197	990	2.188	665	3.843	26	3.295	21.361
Junio	109	8.432	1.457	7.889	17.887	748	1.856	665	3.269	79	3.276	24.511
Julio	109	3.743	1.107	14.384	19.343	716	2.239	665	3.620	106	3.239	26.308
Agosto	109	1.483	1.009	17.216	19.817	803	2.029	665	3.497	122	3.051	26.487
Septiembre	109	2.228	937	16.879	20.153	921	1.582	665	3.168	187	2.653	26.161
Octubre	109	2.964	957	16.612	20.642	798	1.697	665	3.160	151	2.257	26.210
Noviembre	109	1.932	1.130	17.846	21.017	476	1.590	566	2.632	129	2.046	25.824
Diciembre	109	1.244	997	17.978	20.328	370	1.487	566	2.423	126	1.835	24.712

1/ Depósitos en el exterior de 1936 del Fondo de Cambio, están completamente incluídos en los depósitos en el exterior de los Bancos Comerciales (Col. 7), así que se han excluído del total (Col. 12) por ese período. Para 1937 casi no hay ninguna duplicación.

2/ Hasta Junio de 1943 los datos son estimados. Para el resto de los años, son las cifras que la C.C.C. publicó como importación de moneda de los Estados Unidos.

FINANZAS PUBLICAS

Ingresos del Fisco 1940/41 - 1950/51

(en miles de lempiras)

	1940/41	1941/42	1942/43	1943/44	1944/45	1945/46
Renta Aduanera	3.563	3.148	2.571	3.054	3.507	4.104
Monopolios	2.636	2.967	3.347	4.439	4.452	4.884
Especies Timbradas	1.067	1.121	1.139	1.421	1.660	1.993
Servicios	1.951	2.071	2.061	2.483	3.013	4.090
Rentas Varias y Event.	358	912	528	387	580	559
Rentas Especiales	1.190	1.280	1.293	1.464	1.526	1.847
TOTAL	10.765	11.499	10.939	13.248	14.738	17.477
Menos: 10% Recargo sobre los derechos arancelarios destinado al Fondo de Cambio..................	279	245	213	245	277	330
PRODUCCION NETA	10·486	11.254	10.726	13.003	14.461	17.147

	1946/47	1947/48	1948/49	1949/50	1950/51
Impuesto Sobre la Renta	—	—	—	3.248	6.851
Renta Aduanera	5.791	6.292	6.565	7.985	8.971
Monopolios	6.024	6.564	7.061	7.437	8.412
Especies Timbradas	2.394	2.593	2.948	3.326	3.671
Servicios	5.724	6.682	6.624	6.554	8.272
Rentas Varias y Event.	749	975	1.674	901	1.352
Rentas Especiales	2.486	3.019	2.920	3.949	4.191
TOTAL	23.168	26.125	27.792	33.400	41.720
Menos: 10% Recargo sobre los derechos arancelarios destinado al Fondo de Cambio	470	500	525	623	1.715 1/
PRODUCCION NETA	22.698	25.625	27.267	32.777	40.005

1/ A partir del 1º de Julio de 1950 comprende además del 10% de Recargo, el 15% del Impu[e]sto Sobre la Renta, ambos destinados al Banco Nacional de Fomento.

Egresos del Fisco 1940/41 - 1950/51

(en miles de lempiras)

	1940/41	1941/42	1942/43	1943/44	1944/45	1945/46
Poder Legislativo	146	144	111	113	143	137
Poder Ejecutivo						
Departamentos:						
Gobernación	1.443	1.479	1.473	1.554	1.560	1.610
Sanidad	127	135	192	135	378	499
Beneficiencia	208	249	214	208	268	313
Relaciones Exteriores	406	383	383	437	568	724
Guerra, Marina y Aviación	2.130	2.030	2.276	2.230	3.634	3.742
Educación Pública	775	761	436	474	532	780
Hacienda y Comercio	1.866	2.008	2.279	3.057	3.240	3.654
Crédito Público	720	694	636	647	647	987
Fomento, Agricultura y Trabajo	3.176	3.326	2.865	3.433	4.091	4.031
Poder Judicial	281	271	268	276	279	283
TOTAL	11.278	11.480	11.133	12.569	15.340	16.760

	1946/47	1947/48	1948/49	1949/50	1950/51
Poder Legislativo	154	205	220	396	399
Poder Ejecutivo					
Departamentos:					
Gobernación	1.690	1.959	2.169	2.732	3.231
Sanidad	396	498	465	523	915
Beneficiencia	354	549	868	1.321	1.549
Relaciones Exteriores	670	695	777	1.230	1.126
Guerra Marina y Aviación,	4.901	7.441	6.349	5.453	6.211
Educación Pública	1.185	2.569	1.925	2.968	2.823
Hacienda y Comercio	4.575	6.048	5.570	5.841	7.887
Crédito Público	931	879	1.363	3.212	1.153
Fomento, Agricultura y Trabajo	5.528	6.704	6.440	7.780	9.400
Poder Judicial	331	395	392	519	526
TOTAL	20.715	27.942	26.538	31.975	35.220

Detalle de los Ingresos del Fisco Durante 1950/51

			Porcentajes
Renta Aduanera:		L. 8.971.358.94	21.50
10% de Recargo	L. 687.965.39		
Importación:			
Marítima	" 6.380.666.26		
Postal	" 887.800.43		
Terrestre	" 15.054.61		
Exportación:			
Bananos	L. 203.516.58		
Madera	" 257.883.13		
Café	" 448.472.54		
Monopolios:		" 8.412.591.70	20.16
Aguardiente	L. 8.352.186.10		
Alcohol y Pólvora	" 60.405.60		
Especies Timbradas:		" 3.670.562.79	8.80
Timbres para Cerveza	L. 1.333.919.00		
Timbres para Deuda Interna	" 396.088.80		
Papelillo Timbrado para Cigarrillos	" 839.906.60		
Boletas Pecuarias	" 171.348.00		
Papeles de Aduana	" 163.507.85		
Papel Sellado	" 271.182.50		
Timbres de Contratación	" 188.512.00		
Timbres para Fósforos	" 226.112.84		
Especies Varias	" 79.985.20		
Servicios:		" 8.272.495.34	19.83
Timbres Consulares	L. 5.025.825.80		
Timbres Consulares sin Especie	" 1.110.490.29		
Acarreo y Estiba	" 495.404.24		
Muellaje	" 297.653.29		
Bodegaje, Faro y Tonelaje	" 190.124.05		
Correos	" 414.605.59		
Telégrafos y Teléfonos	" 592.968.35		
Cable y Radio	" 111.253.44		
Servicios Varios	" 34.170.29		
Rentas Varias y Eventuales:		" 8.203.133.28	19.66
Devoluciones	L. 76.981.48		
Participación Bancaria	" 30.879.62		
Impuesto Sobre la Renta	" 6.851.274.56		
Varias	" 1.243.997.62		
Rentas Especiales:		" 4.190.778.97	10.05
Justicia	L. 29.179.73		
Caminos	" 2.354.014.45		
Agua y Luz Eléctrica, D. C.	" 831.422.28		
Renta Mejoramiento, Aduanas y Muelles	" 264.208.73		
Renta Escolar y del Deporte	" 109.929.75		
Renta Abastecimiento de Agua	" 337.256.61		
Hospitales y Aeropuertos	" 101.237.59		
Varios	" 73.529.83		
TOTAL		L. 41.720.921.02	100.00

Fuente: Dirección General de Rentas.

Detalle de los Egresos del Fisco Durante 1950/51

Concepto		Parcial		Total
PODER LEGISLATIVO			L.	398.532.49
Dietas y Viáticos	L.	286.965.00		
Gastos de Representación	,,	1.200.00		
Varios	,,	110.367.49		

PODER EJECUTIVO

Concepto		Parcial		Total
Departamento de Gobernación			,,	3.230.808.30
Presidencia	L.	67.459.92		
Ministerio	,,	46.631.61		
Gobernaciones Políticas	,,	198.424.05		
Policía	,,	845.725.97		
Pensiones Civiles	,,	44.835.92		
Reparaciones Edificios Públicos	,,	14.256.57		
Subsidios Municipales	,,	81.208.39		
Penitenciaría y Sostenimiento Reos	,,	856.667.62		
Talleres Tipo-Lito Nacionales	,,	161.912.51		
Varios	,,	913.685.74		

Concepto		Parcial		Total
Departamento de Sanidad			,,	915.477.76
Dirección General	L.	30.120.00		
Departamentos Varios	,,	212.539.10		
Medicinas	,,	227.428.76		
Cuota Instituto Nutrición	,,	57.819.69		
Proyecto Scisp	,,	150.000.00		
Unidades Sanitarias	,,	62.958.56		
Varios	,,	174.611.65		

Concepto		Parcial		Total
Departamento de Beneficencia			,,	1.548.870.16
Hospitales y Asilos	L.	1.447.521.16		
Subvenciones	,,	90.600.00		
Mejoramiento Hospitales	,,	10.749.00		

Concepto		Parcial		Total
Departamento de Relaciones Exteriores			L.	1.126.102.38
Ministerio	L.	65.894.00		
Misiones Diplomáticas y Consulares	,,	708.078.82		
Cuotas	,,	19.030.00		
Sostenimiento órdenes N.N. U.U.	,,	33.256.25		
Varios	,,	299.843.31		

Concepto		Parcial		Total
Departamento de Guerra, Marina y Aviación			,,	6.210.623.72
Ministerio	L.	37.591.26		
Comandancias de Armas y Mayorías	,,	351.566.26		
Escuelas Militares	,,	335.858.63		
Ejército	,,	1.512.186.41		
Compra Aviones	,,	564.767.95		
Defensa Nacional	,,	400.000.00		
Misión Militar	,,	6.584.49		
Pensiones	,,	172.631.59		
Reparación Embarcaciones Nacionales	,,	33.600.00		
Varios	,,	2.795.837.13		

Concepto		Parcial		Total
Departamento de Educación Pública			,,	2.823.132.44
Ministerio	L.	35.580.00		
Educación Primaria	,,	962.927.09		
Educación Secundaria y Normal	,,	563.794.78		
Educación Universitaria	,,	174.082.50		
Educación Técnica y Física	,,	23.976.00		
Campaña Desanalfabetización	,,	156.198.43		
Pensiones y Jubilaciones	,,	124.642.82		
Becas	,,	105.595.61		
Construcción Estadio Nacional	,,	116.515.64		
Restauración Ruinas de Copán	,,	5.636.64		
Varios	,,	554.182.93		

Departamento de Hacienda			L.	7.887.288.37
Ministerio	L.	58.515.33		
Dirección General de Rentas	"	77.460.00		
Tribunal Superior de Cuentas	"	75.624.00		
Fiscalía General de Hacienda	"	8.760.00		
Administraciones de Rentas y Aduanas	"	669.854.11		
Destilería Central, operarios y Materias Primas	"	190.292.57		
Reparación Edificios Aduanas y Muelles	"	714.324.82		
Organización Oficina General Impuesto sobre la Renta	"	316.351.71		
Compra Materia prima Aguardiente, etc.	"	2.617.752.69		
Varios	"	3.158.353.14		
Departamento de Crédito Público			"	1.153.102.36
Amortización Deuda Externa	L.	224.276.96		
Gastos Bonos Deuda Externa	"	5.606.92		
Amortización Billetes Aduaneros	"	393.491.00		
Varios	"	529.727.48		
Departamento de Fomento Agricultura y Trabajo			"	9.400.880.06
Ministerio	L.	41.362.50		
Correos	"	548.199.96		
Telégrafos, Teléfonos y Radios	"	1.277.714.92		
Pensiones	"	168.853.40		
Obras Públicas	"	2.078.135.91		
Dirección y Tesorería de Caminos	"	12.240.50		
Trazo y Reparación Caminos	"	3.122.896.16		
Empresa de Agua y Luz Tegucigalpa	"	888.205.39		
Comité del Café	"	39.571.77		
Protección Agricultura y Ganadería	"	296.530.33		
Ferrocarril Nacional	"	9.810.00		
Varios	"	917.359.22		
Poder Judicial			L.	526.164.03
Corte Suprema de Justicia	L.	61.458.70		
Corte de Apelaciones	"	116.262.75		
Juzgados de Letras	"	237.582.27		
Tesorería Especial de Justicia	"	7.236.00		
Dietas Magistrados y Suplentes	"	7.676.97		
Compra, reparación y construcción edificios	"	20.650.56		
Gastos extra y alquiler edificios	"	75.296.78		
TOTAL			L.	35.220.982.07

Deuda Interna de Honduras

(en miles de lempiras)

Al 1º de Julio de cada año

	1938	1939	1940	1941	1942	1943	1944
Deuda consolidada							
Bonos de la Deuda Interna	2.869	2.329	2.068	2.008	1.710	1.545	805
Intereses Bonos Deuda Interna	356	230	225	220	221	220	220
Billetes aduaneros	1.787	2.792	2.592	2.344	2.223	2.080	2.569
Total Deuda Consolidada	5.012	5.351	4.885	4.572	4.154	3.845	3.594
Deuda Flotante							
Constancias de Crédito	383	347	347	347	347	347	347
Suplementos en Efectivo	1.718	1.101	326	346	470	1.069	1.615
Suplementos en mercaderías	493	344	325	321	313	326	328
Inmuebles	14	6	5	17	2	2	2
Cuotas Oficinas Internacionales	58	59	64	67	70	82	60
Contratos	401	243	230	176	168	168	168
Sueldos	2.314	1.970	2.212	2.422	2.614	2.646	1.217
Subvenciones	2.721	1.969	2.271	2.580	2.907	3.026	2.104
Alquileres	65	55	58	61	64	64	30
Viáticos	20	20	20	20	19	20	—
Pensiones	1.176	1.085	1.129	1.198	1.261	1.294	541
Gastos de Escritorio y otros	24	24	24	7	8	8	—
Funerales y Lutos	3	3	3	3	3	3	—
Subsidios	239	238	238	382	238	238	8
Becas	163	163	165	168	170	170	21
Premios	5	5	5	5	5	5	—
Total Deuda Flotante	9.797	7.632	7.422	7.976	8.659	9.468	6.441
Total Deuda Interna	14.809	12.983	12.307	12.548	12.813	13.313	10 .035

Deuda Interna de Honduras

(en miles de lempiras)

Al 1º de Julio de cada año

	1945	1946	1947	1948	1949	1950	1951
Deuda consolidada							
Bonos Deuda Internacionales	688	658	617	518	518	484	462
Intereses Bonos deuda Interna	220	220	220	220	220	220	220
Billetes Aduaneros	2.415	2.283	1.863	1.474	961	386	15
Total Deuda Consolidada	3.323	3.161	2.700	2.212	1.699	1.090	697
Deuda Flotante							
Constancias de Crédito	347	347	347	347	347	347	347
Suplementos en Efectivo	2.339	2.583	2.495	2.928	4.465	2.351	2.338
Suplementos en mercaderías	321	319	376	454	527	576	744
Inmuebles	2	6	26	25	25	25	25
Cuotas Oficinas Internacionales	149	127	50	54	46	66	101
Contrato	169	169	169	169	169	169	169
Sueldos	1.230	1.242	1.241	1.243	1.213	1.131	739
Subvenciones	2.175	2.263	2.328	2.416	2.418	2.418	2.403
Alquileres	30	30	30	31	33	33	34
Pensiones	552	554	557	561	559	568	551
Viáticos	—	—	—	—	—	—	—
Gastos de Escritorio y Otros	—	—	3	15	40	80	92
Funerales y lutos	—	—	—	—	1	1	1
Subsidios	8	9	9	9	9	12	13
Becas	21	21	22	23	24	26	28
Total Deuda Flotante	7.343	7.670	7.653	8.275	9.876	7.803	7.585
Total Deuda Interna	10.666	10.830	10.353	10.487	11.575	8.893	8.282

DEUDA EXTERNA DE HONDURAS
(en miles de lempiras)

	Corporación de Tenedores de Bonos de Londres	MARINE BANK Febrero 7 de 1928	CANAL BANK Abril 9 de 1931	CANAL BANK Marzo 6 de 1933	EXIMBANK	OTROS 1/	Total
924-25	12.000	—	—	—	—	312	12.312
925-26	12.000	—	—	—	—	648	12.648
926-27	11.600	—	—	—	—	615	12.215
927-28	11.200	2.832	—	—	—	421	14.453
928-29	10.800	2.420	—	—	—	788	14.008
929-30	10.400	2.045	—	—	—	—	12.445
930-31	8.524	1.503	480	—	—	—	10.507
931-32	8.124	994	391	—	—	—	9.509
932-33	7.724	7.724	286	457	—	30	8.944
933-34	7.324	—	183	103	—	150	7.760
1934-35	6.924	—	81	—	—	512	7.517
1935-36	6.524	—	—	—	—	244	6.768
1936-37	6.124	—	—	—	—	1.232	7.356
1937-38	5.924	—	—	—	—	1.257	7.181
1938-39	5.524	—	—	—	—	1.274	6.798
1939-40	5.124	—	—	—	—	453	5.577
1940-41	4.724	—	—	—	—	97	4.821
1941-42	4.324	—	—	—	—	—	4.324
1942-43	3.924	—	—	—	100	—	4.024
1943-44	3.524	—	—	—	620	—	4.144
1944-45	3.124	—	—	—	1.520	476	5.120
1945-46	2.724	—	—	—	1.130		4.031
1946-47	2.324	—	—	—	750	—	3.074
1947-48	1.924	—	—	—	440	—	2.364
1948-49	1.524	—	—	—	440	—	1.964
1949-50	1.124	—	—	—	—	1,716	2.840
1950-51	724	—	—	—	—	—	724

1/ Estas cantidades corresponden a Años civiles.

ERRATAS MAS IMPORTANTES

Página	Línea	Dice	Debe decir
9	39	campañías	compañías
10	1	excptua	exceptúa
10	5	toman	toma
14	9	el Salvador	El Salvador
17	3	revisten	reviste
20	14	el Salvador	El Salvador
20	14	particnlar	particular
20	34	aumento	aumentó
20	38	tambien	también
22	7 y 8	papapelillo	papelillo
24	1	ecónomicamente	económicamente
24	16	Despues	Después
24	24	Talvez	Tal vez
24	26	esta	está
24	44	milllones	millones
25	6	emitio	emitió
26	9 y 10	Eduducación	Educación
26	26	Iturbide en	Iturbide, en
26	30	Casa de moneda	Casa de Moneda
26	35	decretó	decreto
26	41	serían así marcadas	serían marcadas
26	última	Historia Monetaria	Historia de la Moneda
27	10	Libre, crezca, fecundo	Libre cresca fecundo
28	33	milésimos sólo	milésimos, sólo
28	34	Decreto 12	Decreto 125
28	37	½ centavos 2/	½ centavo 2/.
29	6	recibió	permitió
29	33	plata terminó	plata de un peso terminó
29	38	el	él
30	14	escasa,	escasa;
30	36	L. 0.25)	$ 0.25)
31	6	acuñación	acuñación
31	37	principales	con tres principales
32	33	a creado	ha creado
33	13 y 14	américana	americana
33	41	1º de Febrero	13 de febrero
36	2	Juaquín	Joaquín
37	40	Monetaria	monetaria
43	20	L. 500.00	L. 500.000
45	11	tendía acumularse	tendía a acumularse
61	9	anual	anual.
63	20	además	Además
66	6	comerció	comercio
69	33	estan	están
72	3 y 4	demonetizaren	desmonetizaren
76	14	especialmente a	especialmente en

Página	Línea	Dice	Debe decir

76 El Cuadro 3 debe leerse así:

Revaluación de la Exportación de Café

	1946	1947	1948	1949	1950	1951
Exportaciones estimadas en toneladas métricas	6.613	6.982	7.756	10.721	10.720	11.353
Precio, lempiras por kilo	0.56	0.74	0.79	1.04	1.37	1.77
Valor estimado en miles de lempiras	3.731	5.156	6.120	11.198	14:722	20.064
Valor informado por las aduanas en miles de Lps.	1.341	1.747	2.445	4.792	8.076	17.097
Ajuste	2.390	3.409	3.675	6.406	6.646	2.997
El mismo en millones de dólares	1.2	1.7	1.8	3.2	3.3	1.5

Página	Línea	Dice	Debe decir
77	18	milones	millones
79	25	Abacá .3 .6	Abacá .3 7
80	2	Industria	industria
81	3	aparacen	aparecen
82	23	han	hayan
85	22	destribuirá	distribuirá
85	32	debera	deberá
85	32	la Gaceta	La Gaceta
88	17	lempira	lempira.
89	5	19	48
89	17	hipotecaría	hipotecaria
94	30	deduciéndol	deduciéndolo

INDICE

Notas a la Balanza de Pagos

Resoluciones del Directorio

Estados Financieros del Banco Central de Honduras

Moneda y Bancos

Producción de Bienes y Servicios

Finanzas Públicas

Bibliografía

Banco Central de Honduras. (1951). BANCO CENTRAL DE HONDURAS MEMORIA 1950-1951 (Primera Memoria). Tegucigalpa, D. C.: López y Cía.

Banco Central de Honduras. (1953). BANCO CENTRAL DE HONDURAS MEMORIA DE 1952 - 1953. Tegucigalpa, D. C.

Banco Central de Honduras. (1954). BANCO CENTRAL DE HONDURAS MEMORIA DE 1954

Banco Central de Honduras. (1956). BANCO CENTRAL DE HONDURAS MEMORIA DE 1955 A 1956.

Banco Central de Honduras. (1957). BANCO CENTRAL DE HONDURAS MEMORIA DE 1957.

Banco Central de Honduras. (1958). BANCO CENTRAL DE HONDURAS MEMORIA DE 1958.

Banco Central de Honduras. (1959). BANCO CENTRAL DE HONDURAS MEMORIA DE 1959.

Banco Central de Honduras. (1960). BANCO CENTRAL DE HONDURAS MEMORIA DE 1960.

Banco Central de Honduras. (1953, Abril). *Boletín Mensual BCH, Abril 1953, Volumen III*. Tegucigalpa, Honduras: Banco Central de Honduras.

Banco Central de Honduras. (1953, Diciembre). *Boletín Mensual BCH, Diciembre 1953, Volumen III*. Tegucigalpa, Honduras: Banco Central de Honduras.

Banco Central de Honduras. (1952, Enero). *Boletín Mensual BCH, Enero 1952, Volumen II*. Tegucigalpa, Honduras: Banco Central de Honduras.

Banco Central de Honduras. (1953, Enero). *Boletín Mensual BCH, Enero 1953, Volumen III*. Tegucigalpa, Honduras: Banco Central de Honduras.

Banco Central de Honduras. (1953, Febrero). *Boletín Mensual BCH, Febrero 1953, Volumen III*. Tegucigalpa, Honduras: Banco Central de Honduras.

Banco Central de Honduras. (1953, Julio). *Boletín Mensual BCH, Julio 1953, Volumen III*. Tegucigalpa, Honduras: Banco Central de Honduras.

Banco Central de Honduras. (1953, Junio). *Boletín Mensual BCH, Junio 1953, Volumen III*. Tegucigalpa, Honduras: Banco Central de Honduras.

Banco Central de Honduras. (1952, Marzo). *Boletín Mensual BCH, Marzo 1952, Volumen II, Número 4*. Tegucigalpa, Honduras: Banco Central de Honduras.

Banco Central de Honduras. (1953, Marzo). *Boletín Mensual BCH, Marzo 1953, Volumen III*. Tegucigalpa, Honduras: Banco Central de Honduras.

Banco Central de Honduras. (1953, Mayo). *Boletín Mensual BCH, Mayo 1953, Volumen III*. Tegucigalpa, Honduras: Banco Central de Honduras.

Banco Central de Honduras. (1952, Febrero). *Boletín Mensual BCH, Febrero 1952, Volumen II*. Tegucigalpa, Honduras: Banco Central de Honduras.

Banco Central de Honduras. (1952, Julio, Agosto, Septiembre). *Boletín Mensual BCH, Julio, Agosto y*

Septiembre 1952, Volumen II, Números 8, 9 y 10. Tegucigalpa, Honduras: Banco Central de Honduras.

Banco Central de Honduras. (1952, Mayo, Junio). *Boletín Mensual BCH, Mayo y Junio 1952, Volumen II, Números 6-7*. Tegucigalpa, Honduras: Banco Central de Honduras.

Banco Central de Honduras. (1950, Octubre a 1951, Enero). *Boletín Mensual BCH, de Octubre 1950 a Enero 1951, Volumen I*. Tegucigalpa, Honduras: Banco Central de Honduras.

Banco Central de Honduras. (1955, Noviembre). *Boletín Informativo BCH, Volumen V, Número 11, Noviembre 1955*. Tegucigalpa, Honduras: Banco Central de Honduras.

Banco Central de Honduras. (1954, Octubre, Noviembre, Diciembre). *Boletín Mensual BCH, Volumen 4, Octubre, Noviembre y Diciembre 1954*. Tegucigalpa, Honduras: Banco Central de Honduras.

Banco Central de Honduras. (1954, Abril, Mayo, Junio). *Boletín Mensual BCH, Volumen 4-5-6, Abril, Mayo y Junio 1954*. Tegucigalpa, Honduras: Banco Central de Honduras.

Banco Central de Honduras. (1954, Enero a Marzo). *Boletín Mensual BCH, Volumen 4-5-6, Enero a Marzo 1954*. Tegucigalpa, Honduras: Banco Central de Honduras.

Banco Central de Honduras. (1955, Abril). *Boletín Mensual BCH, Volumen V, Abril 1955*. Tegucigalpa, Honduras: Banco Central de Honduras.

Banco Central de Honduras. (1955, Mayo). *Boletín Mensual BCH, Volumen 5-6, Mayo 1955*. Tegucigalpa, Honduras: Banco Central de Honduras.

Banco Central de Honduras. (1955, Mayo). *Boletín Mensual BCH, Volumen 5-6, Mayo 1955*. Tegucigalpa, Honduras.

Banco Central de Honduras. (1955, Enero, Febrero y Marzo). *Boletín Mensual BCH, Volumen 5- Número 1,2,3 Enero Febrero y Marzo 1955*. Tegucigalpa, Honduras: Banco Central de Honduras.

Banco Central de Honduras. (1954, Julio). *Boletín Mensual BCH, Volumen VII, Julio 1954*. Tegucigalpa, Honduras: Banco Central de Honduras.

Banco Central de Honduras. (1954, Septiembre). *Boletín Mensual BCH, Volumen 9, Septiembre 1954*. Tegucigalpa, Honduras: Banco Central de Honduras.

Banco Central de Honduras. (1955, Diciembre). *Boletín Mensual BCH, Volumen V, Número 12 Diciembre 1955*. Tegucigalpa, Honduras: Banco Central de Honduras.

Banco Central de Honduras. (1955, Septiembre, Octubre). *Boletín Mensual BCH, Volumen V, números 7 y 8 Septiembre y Octubre 1955*. Tegucigalpa, Honduras.

Banco Central de Honduras. (1955, Septiembre, Octubre). *Boletín Mensual BCH, Volumen V número 9-10 Septiembre-Octubre 1955*. Tegucigalpa, Honduras: Banco Central de Honduras.

Banco Central de Honduras. (1956, Enero y Febrero). *Boletín Mensual BCH, Volumen VI Enero y Febrero 1956*. Tegucigalpa, Honduras: Banco Central de Honduras.

Banco Central de Honduras. (1956, Julio-Agosto). *Boletín Mensual BCH, Volumen VI Julio-Agosto 1956*. Tegucigalpa, Honduras: Banco Central de Honduras.

Banco Central de Honduras. (1956, Marzo y Abril). *Boletín Mensual BCH, Volumen VI Marzo y Abril 1956*. Tegucigalpa, Honduras: Banco Central de Honduras.

Banco Central de Honduras. (1956, Septiembre, Octubre, Noviembre y Diciembre). *Boletín Mensual BCH, Volumen VI Septiembre, Octubre, Noviembre y Diciembre 1956*. Tegucigalpa, Honduras.

Banco Central de Honduras. (1957, Abril, Mayo). *Boletín Mensual BCH, Volumen VII Abril, Mayo 1957*. Tegucigalpa, Honduras: Banco Central de Honduras.

Banco Central de Honduras. (1957, Agosto-Septiembre). *Boletín Mensual BCH, Volumen VII Agosto-Septiembre 1957*. Tegucigalpa, Honduras.

Banco Central de Honduras. (1957, Enero, Febrero y Marzo). *Boletín Mensual BCH, Volumen VII Enero, Febrero y Marzo 1957*. Tegucigalpa, Honduras.

Banco Central de Honduras. (1957, Junio y Julio). *Boletín Mensual BCH, Volumen VII Junio y Julio 1957*. Tegucigalpa, Honduras: Banco Central de Honduras.

Molina Chocano, G. (s.f.). *Población, estructura productiva y migraciones internas en Honduras*.

Posas, M., y del Cid, R. (1983). *La construcción del sector público y del Estado Nacional de Honduras (1876-1979)*. Litografía e Imprenta LI L, S.A.

Vallejo Larios, M. (2011). *Evaluación Preliminar sobre Causas de Deforestación y Degradación de Bosques en Honduras*. Programa Reducción de Emisiones de la Deforestación y Degradación de Bosques en Centroamérica y República Dominicana REDD – CCAD/GIZ.

www.ingramcontent.com/pod-product-compliance
Lightning Source LLC
Chambersburg PA
CBHW071556210326
41597CB00019B/3266

* 9 7 9 8 8 9 2 6 7 3 7 3 0 *